마음은 굴뚝같지만

지상의 사람들,
파인텍 고공농성의 목소리를 듣다

마음은 굴뚝같지만 팀 엮음

마음은 굴뚝같지만 SNS 계정
- 인스타그램 www.instagram.com/gooldduk_letter
- 페이스북 www.facebook.com/goollddukletter
- 유튜브에서 '마음은 굴뚝같지만'을 검색해보세요!

굴뚝 편지 및 물품 후원 주소:
서울시 양천구 목5동 목동서로 20 서울에너지공사 후문 굴뚝농성장

파인텍 농성 공식 후원 계좌:
농협 352-1229-4787-43 (예금주 이현실)

*기타 문의는 gooldduk_letter@naver.com

마음은 굴뚝같지만
지상의 사람들, 파인텍 고공농성의 목소리를 듣다

초판 1쇄 펴낸날/2018년 8월 20일

엮은이/김다은 김유경 정소은 정윤영
펴낸이/김미체
펴낸곳/도서출판 나무야미안해
디자인/두께 김미체
일러스트/전민지
주소/서울시 도봉구 우이천로 32길 67, 4-702
홈페이지/http://www.sorrytree.net
전자우편/mglx@sorrytree.net
출판신고/제2016-23호
ISBN/979-11-958826-3-2

*이 책은 '마음은 굴뚝같지만' 텀블벅 후원을 통해 제작되었습니다.
이 책의 수익금 전액은 파인텍 노동자들의 투쟁 후원금으로 사용됩니다.

*이 책에 수록된 사진은 대부분 저작권자의 사용 허가를 받았으나,
일부 저작권자를 찾지 못한 경우는 확인되는 대로 허가 절차를 밟겠습니다.
*이 책 내용의 전부 또는 일부를 재사용하려면
반드시 저자와 출판사의 서면 동의를 받아야 합니다.

마음은
　굴뚝
같지만

굴뚝에 오르다

굴뚝을 오른다.
천막을 만들 비닐과 바닥에 깔 패드,
간단한 옷과 침낭을 넣은 배낭이 묵직하다.
침을 삼키는 소리가 남의 것처럼 생경하게 들렸다.

30미터 나선형 계단이 끝나면
그곳에서부터 다시 45미터 수직다리가 이어진다.
추울 줄 알았는데 몸이 펄펄 끓는다.
위험하다는 생각은 안 들었다.
'무조건 앞만 보고 올라간다'
오직 이 생각만 머리를 가득 채웠다.

11월, 야밤의 기행이다.
굴뚝 위에 오르니 숨이 턱까지 차올랐다.
물 생각이 간절했다.
조금 있으니 경찰을 포함해 사람들이 모여들었다.
'끌어내려라', '올라가면 사고 난다'
그네들 간에 실랑이가 벌어지는 것 같았다.

ⓒ신기철

담배를 껐다.
현수막을 치고, 밑에 전화도 한 통 하고,
앞으로 집이 되어줄 비닐천막을 만들어야 했다.

굴뚝 위 생활

차광호가 아래를 보던 시선은 어땠을까.
굴뚝에 올라가 얼마 되지 않아 떠오른 생각이었다.

높은 곳이라 바람이 많이 분다.
곧잘 어지러웠다.
두려움에 몸이 위축되기도 했다.
'시간이 지나면 적응되겠지'
그렇게 받아들이기로 한다.

둥근 원형이라 직선으로 몸을 쭉 뻗어 자기도 힘들다.
많이 뒤척이며 자는 편도 아닌데 좁아서일까.
답답했다.

굴뚝에 올라올 때 이것이 마지막 투쟁이라고 생각했다.
그만큼, 오래 걸릴 싸움이라고도 생각했다.
하늘집에서의 생활에 어서 적응하라고 몸을 달래본다.
최선을 다해, 조급한 마음도 버리고 있다.

영덕에 가다

굴뚝에 올라가기로 결정하고 하루 실컷 먹고 놀고 오자고 했다.
맨날 회의만 했지 같이 어딜 나가는 건 오랜만이었다.
다섯이서 영덕에 갔다.
바닷가에서 씨름을 했는데 김옥배가 홍기탁을 패대기쳤다.
스코어는 2:0
홍기탁은 이날을 생각하면 아직도 분하다.

박준호는 악당들 손에 가볍게 들어올려져
바다에 제일 먼저 '투하'됐다.
영덕에서는 곧 시작할 굴뚝농성 이야긴 하지 않았다.

김옥배는 이날 같이 찍은 사진을 보며 이렇게 말한다.
"겨울바다가 이상할 만큼 참 따뜻했다"

굴뚝의 시간

쌓이는 하루들은 길 위의 생활이 얼마나 비참한가를
호소하는 숫자들이 아니다.
굴뚝의 시간은 견디는 게 아니라
'맞서며' 흐른다.

ⓒ신기철

차례

ROUND 1

기록

13년, 투쟁의 시간들: 한국합섬부터 파인텍까지　김다은　25

시

우리 안의 폴리스라인　송경동　41

인터뷰

어려운 숙제, 몸에 밴 자본주의 때를 벗겨낸다는 것: 차광호　정소은　45
제대로 된 삶을 살기 위해 굴뚝에 오른 것: 박준호　정윤영　60
'밥그릇 되찾기' 말고 '세상을 바꾸기': 홍기탁　정소은　69
내성적인 옥배 씨의 세 번째 투쟁: 김옥배　정소은　86
파인텍 농성장의 막내, '조 선생': 조정기　정윤영　97

ROUND 2

굴뚝통신 112

굴뚝이네 우체국

  부디, 얼음물 한 잔 조형희(땅콩문고) 119
  타인의 발신이 끊어지지 않도록 조진석(책방 이음) 122

라운드테이블

  모두 하고 있습니까, 노동(勞動)? 127
  청소년과 노동 엄기호 148
  하늘집에 올리는 기도 하종강 160

아웃트로

  여기, 민주주의자가 있다 김다은 175

굴뚝연대기 184
후원자 185

ROUND 1

기록

13년, 투쟁의 시간들
한국합섬부터 파인텍까지

김다은

파인텍 노동자들의 굴뚝농성이 어느덧 300일을 향해 갑니다(2018년 9월 7일). 이 숫자를 듣고, 혹자는 파인텍 농성이 채 1년이 되지 않은 투쟁이라고 생각할지도 모르겠습니다. 하지만 파인텍은 우리 사회에 남아 있는 대표적인 장기투쟁 사업장으로(현재 쌍용자동차·아사히글라스·세종호텔·콜트콜텍 등이 이 같은 장기투쟁 사업장에 속한다), 현재 목동에서 굴뚝농성을 이어가는 다섯 사람은 2006년부터 13년간 정리해고·위장폐업 등에 맞서 싸워왔습니다.

10여 년이 넘는 이 싸움의 연보를 이해한다는 것은 꽤 공이 들어가는 일일지도 모릅니다. 하지만 이들이 길 위에서 보낸 시간들을 적극적으로 상상하기 위해 그간의 발자취를 짚지 않을 수 없습니다. 과거의 시간이 현재, 지금, 이 싸움 안에 생생하게 살아 있기 때문입니다. 이를 위해 '마음은 굴뚝같지만'의 김다은과 민주노총 금속노조 충남지부 파인텍지회의 차광호 지회장이 만났습니다. 차광호 지회장의 설명을 통해 파인텍 노동자들이 걸어온 긴 투쟁의 순간들로 함께 되돌아가 보겠습니다.

이 대화는 '마음은 굴뚝같지만' 텀블벅 펀딩이 진행되던 2018년 6월 22일 목동 열병합발전소 아래 농성장 앞에서 이루어졌다. '마음은 굴뚝같지만' 유튜브 채널에 업로드된 영상(다음엇지 촬영·편집)을 통해서도 본 내용을 확인할 수 있다. 대화 내용 중 일부를 보완하여 아래 글을 완성했다.

Q1. 파인텍 공장은 충남 아산에 있습니다. 그런데 왜 목동에서 농성을 하게 됐나요?
A1. 목동에 스타플렉스 김세권 사장의 사무실이 있기 때문입니다.

Q1-1. 파인텍 투쟁에 웬 스타플렉스? 어떤 관계인가요?
A1-1. 파인텍은 김세권 사장의 스타플렉스라는 법인 자회사입니다.

Q1-2. 스타플렉스가 파인텍 공장을 세우기까지, 어떤 일이 있었던 건가요?
A1-2. 이 싸움의 시작은 2006년, 한국합섬 공장이 파산했던 때로 거슬러 올라갑니다.

경북 칠곡에 있던 **한국합섬**은 지금 파인텍 농성을 하고 있는 다섯 명이 모두 근무했던 첫 번째 공장인데요. 한국합섬은 국내 대표적인 폴리에스테르 원사 생산업체였고 조합원이 800명이 넘을 정도로 많은 노동자가 일하던 큰 공장이었습니다. 하지만 무리한 경영 확대, 내부 비리, 화섬업계 공급 과잉 등의 이유로 한국 합섬은 2006년 대규모 정리해고에 이어 2007년 공장 파산을 결정했습니다(1차 공장 폐쇄). 이후 해고노동자들은 일용직·대리운전을 전전하면서도 파산한 빈 공장을 지키며 끈질긴 투쟁을 했습니다.

2010년, **스타플렉스** 김세권 사장은 5년간 투쟁을 이어오던 104명의 노동자에 대한 고용 보장, 노조 인정, 단체협약 체결을 약속하며 파산 후 자산가치가 870억 원인 한국합섬 구미공장을 400억 원의 헐값에 인수했고 2014년에 **스타케미칼**(스타플렉스 자회사)로 법인을 바꾸어 공장을 가동합니다.

하지만 공장을 재가동한 지 1년 반밖에 되지 않은 2013년 1월, 시무식 자리에서 김세권 사장은 공장을 멈추겠

한일합섬 퇴출… 그룹 와해

금감위, 섬유·패션관련 그룹계열 21개사 퇴출기업 판정

섬유업체, 효성·갑을·고합그룹 등서 6개사 「경악」

ⓒ한국섬유신문

남편은 일하고 싶다.
공장을 가동해 주세요!!
한국합섬 노동조합

사무실 관리자 유흥비로
탕진하는 그 돈 몇푼이 없어
우리 아버가 병원 앞에서 울고있다!!
노동자의 아버도 병원에서 치료 받고 싶습니다.
한국합섬 (H.K) 지회

ⓒ매일노동신문

다고 일방적으로 폐업 선언을 합니다(2차 공장 폐쇄). 그리고 노동자 228명에게 희망퇴직 신청을 받고 이를 거부한 28명을 해고합니다. 그렇게 노동자들은 두 번째 공장에서도 길거리로 내몰리게 되었습니다. 당시 스타케미칼지회 지회장이었던 차광호는 "공장 가동 중단이나 해외 이전, 공장 매각 같은 상황이 있을 때 노조와 6개월 전에 합의해 이행하는 절차를 모두 무시했다"고 지적합니다. 결국 그는 공장의 분할매각 중단과 재가동을 요구하며 공장 부지 내 굴뚝에 올라가 2014년 5월 27일부터 408일간 투쟁을 합니다. 결국 김세권 사장은 3승계(▲고용 승계 ▲노조 승계 ▲단체협약 승계)를 약속하며 스타케미칼 해고자복직투쟁위원회(해복투)와 합의를 합니다. 2015년 7월 7일의 일입니다. 그런데 고용승계 약속을 지키기 위해 스타플렉스가 충남 아산에 세운 파인텍 공장은 참으로 황당했습니다. 허허벌판에 선 공장 기숙사에는 선풍기나 TV, 이불도 없었죠. 식사는 한 끼만 주겠다고 했고, 단체협약을 하지 않았기 때문에 시급은 최저임금에 천 원을 더한 7,030원. 수당과 상여금은 아예 없었습니다. 열 달 일하는 동안 손에 쥔 임금은 천만 원이 채 안 됐습니다. 그리고 사측은 계속해서 단체협약 약속을 미뤘고요.

ⓒ정택용

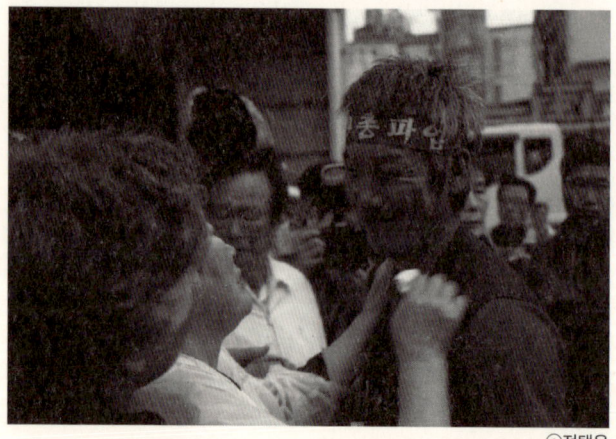
ⓒ정택용

Q2. 노사가 단체협약을 하지 않았다는 게 그렇게 큰 문제가 되는 건가요? 단체협약이 뭔가요?
A2. '사용자'와 '근로자' 간에 밥 먹는 것부터 출퇴근 시간, 상여금, 수당, 복지 등 모든 것을 합의하는 약속입니다.

돈을 받고 하는 거의 모든 일엔 계약서를 작성합니다. 계약서의 갑과 을 중 누구라도 약속을 어기는 사람에게 구속력을 발휘하기 위해서인데요. 마찬가지로 사용주와 노동자 간에도 협약을 맺는데 이걸 '단체협약'이라고 합니다. 파인텍에서 일하게 된 이후 단체협약을 맺기 위해 회사 측에 18차례나 만남을 요청했습니다. 회사는 만남에 응하긴 했지만 협약을 맺을 의지는 없었습니다. 많은 양보안을 가져갔지만 회사는 '노조 활동은 근무 시간 끝나고 하라', '임금은 0원도 올려줄 수 없다', '기숙사에 필요한 물품은 자기 돈으로 사서 쓰라'는 입장을 고수했습니다.

게다가 단체협약을 통해 노조 활동도 보장 받지 못했기 때문에 당시 노조 지회장이었던 홍기탁은 지부 회의 등으로 공장 근무를 하지 못하면 시급이 모두 깎였습니다. 70만 원도 안 되는 월급은 가족을 만나러 주말에 고향을 오가거나 기본적인 생활비를 쓰기에도 부족한 금액이었습니다. 결국 회사의 단체협약 불이행, 즉 약속 파기로 파인텍 조합원들은 2016년 10월 파업을 단행합니다. 408일 고공농성 끝에 파인텍이라는 일터를 약속받았지만 결국 이곳에서 채 1년도 일하지 못한 것입니다.

> **Q2-1. '회사가 경영난에 처하면 폐업할 수 있지 않나. 재정난으로 문 닫은 회사에 복직을 계속 요구하는 건 이기적인 행위 아닌가?'라고 많은 분들이 질문합니다.**
> **A2-1. 기업은 총수 일가의 것이고 노동자는 그곳에서 '근로'를 하며 월급 받는 사람일 뿐이라는 노동 관념 자체에 대해 다시 생각해보면 좋겠습니다.**
>
> 사실 회사가 문을 닫게 되는 데에는 여러 가지 이유가 있습니다. 한국합섬의 경우 호황기에 노동자들에게 3교대, 4교대 근무까지 시키며 이윤을 창출해냈습니다. 하지만 과잉생산과 무모한 해외투자라는 경영 실패로 이어졌고 결국 정리해고, 즉 그간 최선을 다해 회사를 위해 몸바쳐온 노동자들을 먼저 해고하는 방식으로 손실을 충당하려 했습니다.
> 한국 사회에서 정리해고는, '긴박한 경영상의 필요'가 있으며 해고 회피 노력을 충분히 했을 경우에 한해 이루어지도록 법은 제한하고 있습니다. 하지만 이 긴박한 경영상의 필요를 입증하는 회계 감사보고서는

왜곡되기 일쑤입니다. 쌍용자동차 정리해고 결정에 핵심적 근거를 제공한 안진회계법인의 감사보고서가 대표적입니다. 감사보고서는 2007년 69억 원이던 쌍용자동차의 유형자산 손상차손을 불과 1년 뒤인 2008년 5,177억 원으로 평가했습니다. 그 결과 부채 비율이 1년 사이에 3배 가까이 증가했고 쌍용자동차는 정리해고가 필요한 부실기업이 되었습니다. 누가 정보를 독점하고 있으며 누가 그 정보를 해석할까요?

또한 쉬운 해고가 가능한 한국의 제도도 되돌아봄 직합니다. 예를 들어 독일은 1970년대에 이미 노조의 경영참여 제도인 '노사공동결정제도'라는 것을 만들었습니다. 그 결과 해고를 해야 하는 경영상의 이유가 명확하게 노동자들에게 공유되고 경영 위기를 극복하기 위한 방안도 노조와 함께 합의해 마련하는 과정을 거치도록 되어 있습니다. 프랑스 역시 긴박한 경영상의 이유로 정리해고를 할 수 있지만 그것을 실증적으로, 매우 정밀하게 입증해내야 할 의무를 기업이 지게 되어 있습니다. 한국에도 관련 법안이 발의되어 있습니다. 고故 노회찬 의원이 발의했던 '노동자 정리해고 제한법'입니다. 주요 골자는 기업은 재정상태를 증명할 구체적인 자료를 제시하고 근로시간 단축 등으로 해고 회피 노력을 해야 하며 정리해고 노동자에 대해서 사회보장을 강화해야 한다는 것입니다.

우리는 근래 대한항공 갑질사태를 통해 그간 국민의 세금으로 기업들이 얼마나 많은 혜택을 누려왔으며 재벌 총수들이 자신들의 자산을 증식하기 위해 얼마나 손쉽게, 또 무책임하게 방만한 경영을 해왔는지 알 수 있었습니다. 노동자는 회사를 함께 만들어가는 동반자입니다. 이것이 분배의 정의가 실현되어야 하는 이유 아닐까요? 또한 총수 일가의 이기심으로 빚어진 재정난이 해고의 정당한 사유가 될 수 없는 이유 아닐까요?

Q3. 408일 농성을 끝내던 당시, 3승계를 보장하겠다는 내용의 서면 합의서를 쓰진 않았나요? 그게 있다면 약속 파기에 대해 책임을 물을 수 있을 것 같은데.
A3. 물론 합의서도 다 썼습니다.

다 썼는데 회사가 약속을 지키지 않는 겁니다. 합의서가 있으니 법적으로 요구할 수 있을 것 같지만, 그저 민사소송을 해야 한다고 합니다. 최종 결과가 나오는 데 몇 년이 걸릴 지 알 수가 없죠. 하지만 이 일련의 과정에서 무엇보다 중요한 것은 김세권 자본이 이렇게 약속을 지키지 않아도 왜 아무런 피해 없이 잘 살 수 있는가, 하는 그 이유입니다. 우리나라의 정치적인 여건과 사회적 상황이 그걸 가능하게 합니다. 김세권 자본은 독점 재벌이 아닌 작은 '새끼자본'이지만 노동자와의 약속을 지키지 않아도 괜찮다, 부당하게 행동해도 괜찮다는 걸 알고 있는 겁니다.

Q4. 여러 쟁의 방식이 있는데 파인텍 공장 파업 이후 '다시' 굴뚝농성을 결심하게 된 이유도 궁금합니다.
A4. 굴뚝농성의 결정적인 계기는 공장에 있던 기계들이 빠져나간 겁니다.

우리가 파업을 하면 파업장인 공장은 그대로 둬야 하는 건데 2017년 8월 30일, 사측은 공장의 기계를 다 반출하고 공장이 있던 건물에는 다른 회사를 입주시켰습니다. 일터가 증발해버린 겁니다. 그렇다고 해서 현행법으로 농성을 하거나 투쟁한다고 하면 김세권 사장이 움직일 것인가? 그렇지 않은 거죠. 억울함을 알리고 노동자가 겪는 이런 부당한 상황을 바꾸기 위해 다시 굴뚝에 오른 겁니다.

홍기탁 지회장이 굴뚝농성을 하자고 했을 때 당연히 반대했습니다. 공장 밖에서 하는 고공농성은 지난 408일 농성보다 길어질 수 있다는 걸 각오해야 하기 때문이었어요. 농성을 하는 굴뚝이 사업장 내에 있는 게 아니기 때문에 회사로서는 압박감이 덜 할 수밖에 없으니까요. 하지만 홍기탁이 "다른 대안이 있으면 말해보라"고 했을 때 모두 아무 말도 할 수 없었습니다.

"그럼 하자. 하고 안 되면 전체 회의를 해서 멈추면 된다. 그리고 다시 싸우면 된다."

그렇게 모두들 서울로 올라왔습니다. 그런데 당시 박근혜 국정농단이 터졌습니다. 우리도 광화문에서 여러 투쟁 동지들과 힘을 합쳐 연대했습니다. 한국사회의 적폐청산과 노동자들의 생존권과 권리 쟁취를 주장했습니다. 고공농성에 돌입하며 내건 요구가 3승계라는 노사관계에 국한되지 않는 이유입니다.

Q5. 그럼 굴뚝 농성은 언제까지 이어지나요? 복직에 합의하면 내려오게 되나요?
A5. 김세권 사장이 3승계 약속을 지켜야 합니다. 스타플렉스 공장으로 우리를 복직시키고, 노조활동을 보장하고, 단체협약을 체결하는 겁니다.

물론 이와 함께 외치고 있는 핵심적인 구호들이 있습니다. 독점재벌·보수언론·국정원·자유한국당 해체 및 노동악법 철폐 등입니다. 하지만 이것을 다 이루어야 굴뚝에서 내려오는 것은 아닙니다. 복직을 한다 해도 이것을 계속해서 주장하며 연대하고 투쟁할 겁니다. 하지만 300여 일이 넘도록 고공농성을 하고 있음에도 김세권 사장은 얼굴 한 번 내비치지 않았습니다. 스타플렉스 사무실에 찾아가도 만날 수 없었고요. 이게 현재의 상황입니다.

같은 질문을 굴뚝 위 홍기탁 전 지회장에게 했습니다. 그의 답도 함께 갈무리합니다.

A5. 굴뚝에서 내려오는 방법은 두 가지가 있습니다.
첫째, 스타플렉스와 노사 합의를 하는 경우입니다. 그래서 '그래, 여기까지다' 하는 내부 논의를 거치면 내려옵니다.
둘째, 노사 합의를 이끌어내지 못했어도 다섯 명이 '최선을 다했다, 이제 내려오자' 이렇게 결정하면 내려옵니다.

그런데 저는 이 싸움은 질 수도 있다고 생각합니다. '반드시 승리한다' 이런 말을 쓰는데 저는 '반드시'라는 말을 별로 좋아하지 않습니다. 최선을 다하는 게 중요합니다. 그래서 비록 진다고 해도 '이 시국에' '어떻게 지느냐'가 더 중요하다고 생각합니다.

파인텍 노사관계를 푸는 것만이 아니라 이 싸움을 통

해 한 명이든, 두 명이든, 열 명이든 누군가가 '아, 우리 사회에 이런 문제가 있구나. 이런 변화가 필요하고 나도 함께 싸워야겠구나'라는 걸 알게 되고 실천할 수 있길 바랍니다. 노조의 조합주의, 경제주의의 좁은 경계를 뛰어넘어 일하는 사람들이 착취의 대상이 아닌 변화의 주체로 인정받는 넓은 싸움을 하는 것이 필요합니다.

마지막 질문은 이 글을 읽는 독자들에게 던지겠습니다. 그리고 함께 답을 찾고 싶습니다.

Q6. 답보 되는 이 상황 속에서, 파인텍 노동자들의 굴뚝농성이 의미 있는 싸움으로 끝나기 위해, 우리는 대체 무엇을 해야 할까요?

이 질문을 마음에 담고 거듭 고민을 해봅니다. 복직에 관한 한, 해답은 먼 곳에 있지 않고 주위에 있는 것 같습니다. 부당해고를 당하고 오래 투쟁을 하다가 결국 승리한 이들의 사례를 참고삼는 건 어떨까요. 대부분은 사측이 움직일 수밖에 없는 상황을 맞아 결국 협상 테이블에 마주 앉는 과정을 거칩니다. 회사를 '움직일 수밖에 없게' 만드는 것이란 예컨대 정부의 세무조사가 될 수도 있고, 뜨거운 여론일 수도 있고, 내부 고발 혹은 노조 파괴 문건이 발견되는 등의 예상치 못한 계기가 될 수도 있습니다.

그중 시민으로서 할 수 있는 것은 아마도 '무시할 수 없는' 여론을 만드는 일일 겁니다. 이 여론은 파인텍지회가 속한 민주노총의 협상력을 높여주고, 정부가 중재를 위해 개입하도록 하고 회사에 큰 압박을 가하게 됩니다. 저는 이것이 파인텍 투쟁에 합의의 물꼬를 터줄 실효성 있는 방안 아닐까 생각합니다. 파인텍지회의 상급 조직인 민주노총이 정치력을 발휘해주길 바랍니다. 하지만 그 과정에서 시민들의 부산한 날갯짓이 작은 투쟁장인 파인텍에 든든한 힘이 될 것이라 생각합니다.

하지만 홍기탁 전 지회장의 말처럼 이 힘든 싸움의 끝이 언제든 또 해고될 수 있는 변함없는 노동환경이 아닌, '다음의' 미래이길 역시 바라봅니다. 홍 전 지회장은 정부가 바뀌었기 때문에 모든 것이 잘되리라는 환상을 버려야 한다고 말합니다. 그리고 박근혜 퇴진 운동을 시작한 것은 민주노총이 아니라 시민임을 기억해야 한다고도 말합니다. 시민들이 먼저 억울함을 느끼고, '이건 아니다, 이건 사람 사는 세상이 아니다'라며 분연히 촛불을 들고 '먼저' 광장에 모였다는 사실. 그리고 이 시민들 대부분은 노동자라는 사실을 우리가 알아야 한다는 것입니다.

파인텍 농성을 보자면 이것이 긴 싸움이 되리라는 불안 혹은 걱정이 자주 수면 위로 떠오릅니다. 하지만, 비록 그 속도가 느리다 해도 변화는 반드시 일어난다는 희망 아래서 집요하고 진득하게, 때로는 뜨겁고 치열하게 이들과 함께해야 함을 느낍니다. 나아가 이 싸움으로부터 더 나은 삶의 영감을 받고 우리 각자가 무엇 하나씩을 실천하는 용기를 가진다면 좋겠습니다.

하지만 저는 '무엇을 해도 달라지지 않는다'는 체념에 지지 않는 것. 이것이 가장 중요하다고 생각합니다. 그것이 파인텍 투쟁을 죽어버린 역사가 아닌 살아 있는 지금의 기록으로 만드는 힘이 될 것이기 때문입니다.

시

우리 안의 폴리스라인

송경동

이제 그만 그 거대한 무대를 치워주세요
우리 모두가 주인이 될 수 있게
작은 사람들의 작은 테이블로 이 광장이 꽉 찰 수 있게

이제 그만 연단의 마이크를 꺼주세요
모두가 자신의 말을 꺼낼 수 있게
백만 개의 천만 개의 작은 마이크들이 켜질 수 있게

이제 그만 집으로 돌아가라는 친절한 안내를 멈춰주세요
나의 시간을 내가 선택할 수 있게
광장이 스스로 광장의 시간을 상상할 수 있게

전체를 위해 노동자들 목소리는 죽여라고
소수자들 목소리는 불편하다고 말하지 말아주세요
집을 가진 이들은 집을 갖지 못한 이들의 마음을 몰라요

어떤 민주주의의 경로도 먼저 결정해두지 말고
어떤 역사적 사회적 정치적 한계도 먼저 설정해두지 말고
오늘 열린 광장이 최선의 꿈을 꿔볼 수 있게

광장을 관리하려 하지 말고
광장보다 작은 꿈으로 광장을 대리하려 하지 말고
오늘 열린 광장이
어제의 법과 의회 앞에 무릎 꿇지 않게 해주세요

위만 나쁘다고
위만 바꾸면 된다고도 말하지 말아주세요
나도 바꿔야 할 게 많아요
그렇게 내가 비로소 말할 수 있을 때
내가 나로부터 변할 때
그때가 진짜 혁명이니까요

시인의 말

다른 삶의 고공을 그리며

더 이상 고공을 올려다보며 울고 싶지 않았습니다.
더 이상 천 일, 이천 일 거리에서 한뎃잠을 자는 노동자 민중들을 보고 싶지 않았습니다.
더 이상 물대포를 맞고 쓰러지는 사람을 보고 싶지 않았습니다.
더 이상 목매는 사람을, 번개탄을 지피는 사람을, 난간에서 뛰어내리는 사람들의 이야기를 듣고 싶지 않았습니다.
더 이상 광화문 세월호 분향소에서 눈물짓고 싶지 않았습니다.
더 이상 버스를 대절해 4대강으로, 성주로, 밀양으로, 비행기를 타고 강정으로, 또 그렇게 어디로 황급히 가지 않아도 되는 주말을 갖고 싶었습니다.
더 이상 민중이 개돼지가 되지 않고, 흙수저 N포세대가 없는 세상, 헬조선이 아닌 세상에 살고 싶었습니다.

그런 우리들의 절망과 분노가 모여 항쟁을 이루었고, 혁명을 이루었습니다.
그런데 이게 무슨 일입니까. 저들은 왜 저기 올라가 있는 것입니까.
왜 제2의 이명박근혜들이 다시 기를 펴고, 왜 제3의 이재용들이 활개 치는 세상을 봐야 합니까.
왜 국회는 잠자고 있으며, 왜 촛불대리정부는 자본가들과 제국의 눈치나 보며 설설 깁니까.
이것은 혁명이 아닙니다. 다시 혁명은 시작되어야 합니다.

오늘 여기 '노사 합의 이행'을 넘어 '헬조선 타파, 노동악법 철폐, 수구정당/국정원 해체'를 외치며 올라간 미련한 노동자들이 있습니다. 10년을 싸워왔고, 2015년엔 408일 고공농성도 해봤습니다. 지난 박근혜 퇴진 촛불 때는 '광화문 캠핑촌'에서 5개월여 동안 농성도 하며 누구보다 더 촛불항쟁에 앞장섰던 이들입니다.

그들이 지난 촛불의 빛을 안간힘으로 지켜보려는 '마지막 잎새'들 같습니다. 어떤 배를 하염없이 기다리는 그리움의 등대 같습니다.

여기에 우리 약속과 연대의 손수건 한 장씩을 걸어둡니다.
홍기탁, 박준호 빨리 내려오라고, 우리 모두의 삶의 평화와 평등이 빨리 와야 한다고. 누구만을 위해서가 아니라, 우리 모두의 안전과 평화와 평등을 위해 연대의 손수건을 걸었습니다.

그 마음으로 우리 모두 약속하고 결의합니다. 2017년 마지막 날까지 가슴속 양심을 꺼내들고 이 추운 겨울날 75미터 허공 위에서 가녀리게 흔들리고 있는 당신들, 두 개의 촛불을 잊지 않고 함께하겠습니다. 오늘 다시 밝혀든 우리 가슴속 촛불의 정신을 잊지 않겠습니다. 당신들이 이 안전한 평지로 내려오는 날까지 우리는 언제까지고 다시 올 것입니다.

* 2017년 12월 30일, 촛불항쟁 원년의 마지막 날 촛불을 스타플렉스 노동자들이 오른 시대의 등대 아래에서 들었습니다. 당시 함께해주었던 1,198명의 제안자들의 마음을 담아 썼던 글입니다.

인터뷰

어려운 숙제, 몸에 밴 자본주의 때를 벗겨낸다는 것 – 차광호

정소은

굴뚝농성 248일차. 인터뷰를 미리 약속하고 농성장을 방문한 그날, 차광호의 낯빛이 어두워 보였다. '몸이 안 좋아서 방금 침을 맞아 그렇다'고 하지만, 뭔가 마음 복잡한 일이 있구나 싶었다. 근황을 물으며 속으로 '인터뷰를 다음으로 미루자고 할까' 잠시 고민하고 있는데, 차광호가 대뜸 "자, 이야기를 시작해볼까요?"라며 말문을 열었다. 그는 앞으로 투쟁을 어떻게 해나갈 것인지에 대해 논의한 참이라고 했다. 파인텍 다섯 명의 뜻을 모으는 것만으로는 할 수 있는 일이 많지 않기 때문에, 큰 틀에서 바깥의 사람들과 함께 서로 목표를 조정해야 하는데 시간이 좀 걸릴 것 같다고 했다.

"마음을 좀 비우고 가려고요. 욕심내서 갈 일이 아니니까요."

정소은 어릴 때는 어떤 분이었을지 궁금한데요. 그때도 리더십 있고 골목대장을 하셨을 것 같아요.

차광호 아이고, 촌인데 골목대장 하고 말고 할 게 뭐 있어요? 경상북도 칠곡군 석정읍에서 3남 1녀 중 셋째로 태어나 군생활도 이곳에서 했어요. 120가구 정도 되는 마을인데, 또래라고 해봤자 열댓 명 되는 데서 자랐어요. 골목대장이라기보다는 선배한테 맞더라도 할 말은 하는 스타일이라 많이 맞았어요. 고집이죠, 고집. 어릴 때부터 누가 두들겨 패도 아닌 건 그냥 아닌 거였어요. 좀 커서는 꼴통이래야 하나, 바르지 않은 건 용인하지 않았어요. 지금도 마찬가지고.

    모친이 기독교인이신데, 아버지도 연세 드시면서 어머니 권유로 같이 교회 나가셨고 유교적인 관점에서 바른 생활 같은 걸 일러주셨죠. 초등학교 들어가기 전에 바둑도 가르쳐주시고 삼강오륜도 얘기해주셨어요. 형제들은 모두 한 학교에 다녔어요. 촌에선 농사만 지어서 3남 1녀 키우는 게 쉽지 않았어요. 누나가 고등학교를 야간으로 바꿀 정도로 힘든 상황이었고, 나도 대학에 가고 싶었지만 집에서 못 보내준다 해서 방황을 좀 했죠.

정소은 용돈을 스스로 벌기 시작한 건 언제부터였나요?

차광호 초등학교·중학교 때부터 용돈을 벌었어요. 우리 집이 칠곡에서는 참외 농사를 남들보다 빨리 시작했어요. 낙동강변에서 했고 성주가 브랜드화되기도 더 전이죠. 지금은 모종이 플라스틱컵 같은 데 들어 있는데 예전엔 그런 게 없어서, 관처럼 된 비닐을 나무 판때기에 감아서 한쪽은 인두로 지지고 한쪽은 칼로 찢은 다음, 거름을 섞은 흙으로 채워요. 한 개에 1원 50전씩 받았지. 참외는 따로 온상에서 키워 호박이랑 참외를 접붙여요. 호박 뿌리가 영양분 흡수하는 기능이 좋으니까.

고등학교 땐 마을 앞 고속도로가 있었는데, 거기서 교량 넓히는 작업을 하면 방학 때 가서 신호수 일도 했어요. 졸업할 때쯤 구미에 3공단이 들어섰어요. 거기 삼성코닝 건물 짓는 데서도 일했고, 동국합섬(지금은 TK케미칼) 공장 지을 때도 일명 '노가다'를 했어요. 1989년에 졸업해서 학원 다니고 알바하다가 군대에 갔죠.

스무 살 되기 전 십대 후반에, 인생에서 세 가지는 꼭 배워봐야지 한 게 있어요. 철학적 관점 같은 것 없이. 볼링, 사교댄스, 골프인데 사교댄스는 지금껏 못 배웠고, 골프는

잔디밭 거닐며 하는 게 왠지 좋아 보여 친구가 운영하는 골프연습장에서 몇 번 해봤어요.

이야기를 나누던 중 송경동 시인이 농성장을 찾았다. 차광호는 송경동 시인이 예고도 없이 찾아왔다며 반가운 기색이었다. 잠시 휴식을 가지면서 '마음은 굴뚝같지만' 텀블벅 펀딩이 꽤 잘되고 있다, 날이 더워지는데 굴뚝이 걱정이다, 그리고 9월 7일이면 굴뚝농성 300일째인데 이를 기점으로 어떤 전략이 필요하며 어떤 준비를 해야 할까… 등 몇 가지 이야기를 나눈 뒤 송 시인이 먼저 자리에서 일어났다.

얼떨결에 시작한 노조 그리고 'FM 투쟁'

차광호 1994년 말에 인천 주안볼링장에서 일했고, 이후 옷가게 장사를 해볼까도 싶었는데 막일로는 밑천을 모으기가 쉽지 않겠더라고요. 그래서 구미 상공회의소에 일자리를 알아봤더니 한국합섬의 '2교대 60만원, 3교대 48만원' 공고가 있었어요. 3년 저금하면 장사 밑천이 될 것 같아 입사지원을 했는데, 서류전형에서 두 번 떨어졌어요.

마을의 한 선배가 한국합섬에 다녀서 그 선배를 추천

인으로 해서 지원했죠. 그 선배가 노동조합 풍물패를 했는데, 알고 보니 그분을 추천인으로 써서 떨어졌던 거예요. 그래서 다음엔 추천인 안 적고 그냥 냈어요. 200명 넘게 면접을 봤는데 130명 정도 합격했어요. 그때 입사했죠. 1995년 8월에 출근했어요. 당시 구미 1공장이 워낙 잘돼서, (우리가 투쟁했던) 2공장을 새로 증설했고 10월부터 가동해야 하는 상황이었죠.

10월 초 새로 들어온 동료들에게 일하는 방식을 가르치는 역할을 맡았어요. 그리고 노동조합이 만들어지면서 자동적으로 2공장 조합 간부들이 필요해졌죠. 노동자 계급에 대한 생각도 없었고 노동조합이 뭔지, 3교대가 뭔지도 몰랐는데, 대의원을 하라고 해서 대의원이 된 거죠. 입사한 지 몇 개월 안 돼서. 그런데 **그해 12월 2일 산재사망 사고가 났어요.** 사고 재발 방지와 보상 문제로 노조와 회사가 교섭을 하는데 잘 안 되는 거예요. 게다가 노조 위원장이 교섭 대표에게 뺨 맞았다는 말이 나온 거예요. 회사에선 노동조합을 인정하지 않고 있었고. 그래서 이른바 '태업怠業' 투쟁을 시작했죠.

1995년 12월 2일 구미 3공단 내 한국합섬 2공장의 김영, 김호영 두 조합원이 탱크 안에서 작업 도중 질소가 주입돼 가스중독으로 사망했다. 노조는 '산재사망 진상위원회'를 만들어 산업재해를 예방할 것을 사측에 제의했으나 사측은 노조 위원장을 협박·폭행했고, 이에 노조는 89%의 찬성률로 파업을 결의하며 투쟁에 들어갔다. 다급해진 사측은 12월 15일 박동식 회장의 아들인 박노철 부사장을 통해 노조의 요구를 100% 수용하기로 약속했고, 노조는 이를 믿고 조업을 정상화했다. 그러나 사측은 약속을 어기고 42명 노조 간부 전원을 징계 조치할 뿐 아니라 24억 6천만 원의 손해배상을 김천 법원에 청구했다.

우리가 폴리에스테르 원사를 만드는데, 고온에서 제조되는 거라 홀 주위로 탄화되는 게 생겨요. 미세하게 탄화된 게 쌓이면 제품에 영향이 가서, 그걸 제거해주는 작업을 정기적으로 해요. 그런 작업을 다 해가며 '태업'을 하니까 생산성이 뚝 떨어지는 거지. 12월 한 달간 '태업'을 했는데, 1월 하순쯤 회사가 손해배상 청구를 해 왔어요.

정소은 노동생산성 높이려고 빨리빨리 하는게 기존 방식이었다면, 말씀하신 '태업'이라는 건 완전히 원리원칙대로 매뉴얼 지켜서 하는 작업을 뜻하는 건가요?

차광호 그렇죠. 태업의 '태'가 근무태만의 '태怠'인데, 이건 자본가 입장에서 얘기하는 단어죠. 그래서 **우리는 태업을 'FM 투쟁'이라고 불러요**. 예를 들어 볼트 하나를 조일 때, 눈으로 확인해서 볼트 상태가 정상이다 싶으면 다시 한 번 조이고 끝나요. 그런데 가령 원칙대로 볼트를 풀어서, 신나에 씻어서, 말려서, 맞나 안 맞나 확인하고 나면 시간이 두 배에서 다섯 배까지 걸려요. 우리는 FM대로 작업하는 투쟁을 한 건데, 회사는 FM이 아니라 AM을 기준 삼아 생산을 늘리고 큰 이익이 생기는 걸 추구했죠.

회사는 태업 투쟁 때문에 '정상적인 상태와 비교해 얼

마의 손해를 봤다'면서 간부들 대상으로 손해배상 청구를 했어요. 두 달 동안 회사와 교섭을 해도 안 풀려서 논의 끝에 결국 파업을 결의했죠. 1996년 4월 7일부터 '한국합섬 옥쇄파업'을 했어요. 공장 안에 조합원들이 다 들어가 기계는 안 돌리되 기숙사에서 먹고 자면서 밖으로 안 나가고 건물을 잠그는 거예요.

1996년 어린이날이 처형 결혼식이었어요. 나는 대의원 활동하느라 4월 7일부터 밖에 안 나오다가 그때 한번 나온 거예요. 그런데 **그날 저녁 조합 간부 두 명이 분신을 했다는 연락이 왔어요.** 10시 25분쯤 연락받고 시속 150킬로미터로 차를 몰아 1시간 30분 만에 구미에 도착해 조합에 들어갔더니 사람이 거의 없었어요. 알고 보니, 일부는 환자 이송을 막는 경찰과 대치하고 있었고, 일부는 경찰서에 잡혀간 동지들 석방하라고 투쟁하고 있었죠.

두 명의 분신자 가운데 한 명은 1공장에서 같이 일했던 조장이었어요. 그쪽 조 사람들과 서울 한강성심병원으로 간병조로 갔죠. 다음 날 민주노총·한국노총에서도 찾아와 상황을 공유하고 우리에게 집회를 하라고 했어요. 나는 그때까지 집회를 참가만 했지 주관해본 적은 한 번도 없었어요. 그런데 어찌어찌 집회를 하고… 그러다가 5월 18일쯤 마무리가 됐어요. 김영삼 정권 1996년 말에서 1997년

무렵이 노동법 개악을 준비하던 때인데, 한국합섬 분신 사건으로 민주노총·한국노총이 함께 투쟁을 하면 노동법 개악에 걸림돌이 될 수 있다고 판단한 거죠. 그래서 정권이 한국합섬 회장 박동식에게 정치적 압력을 넣어 38일 만에 합의됐던 거예요. 우리가 힘이 부족했는데도.

'자본주의는 잘못되어 있다'

차광호 힘이 없는 상태에서 합의를 하니, 회사에선 '너희들 옥쇄파업, 이런 거 다 불법이다'라고 해서 간부 대부분이 구속됐어요. 나는 그날 서울에 가 있던 게 알려져 간부이지만 구속에서 면제됐고요. 그때부터 민주 노조로 가기 위한 고민을 시작하게 됐어요. 당시 잘못된 부분을 바로잡을 생각은 했지만, 노조는 왜 만들어야 하며, 앞으로 어떻게 활동해 나가야 할지에 대한 구상이 전혀 없었어요. 그러면서 상근을 했죠. 조직부장, 수석부위원장 등 4~5년 하면서 학습 모임도 하다가, 2000년 전태일노동대학에 1기로 들어갔어요. 거기서 3년간 공부하면서 '아, 이게 뭐지?' 하며 눈을 뜬 거죠. **나는 자본주의 틀 속에서 경쟁 문화 안에서 살고 있었는데, 공부를 하면서 '사람은 왜 살아야 하나' 하는 생각이 막 올라오는 거예요.**

되게 힘들었죠. 아내한테 울면서 얘기도 많이 했어요. '자본주의는 잘못되어 있다.' 1996년에 결혼했는데 결혼 초엔 아내와 많이 다퉜어요. 노조 활동한다고 집에 안 들어오고, 술도 많이 먹고, 금전적인 부분도 있고. 그런데 3~4년 지나니까 서로 이해하게 됐어요.

1996~97년에 월급이 적지는 않았어요. 한 달에 60~70만 원 받으면 노조 간부들과 구미에서 노래방도 가고 그랬어요. 우리가 퇴폐적이라고 하던 구미 노래방 문화였는데, 학습을 하고 난 뒤로 이건 아니다, 정리해야겠다 싶었어요. 공부하면서 그런 계기들이 생겼어요. 나는 어떻게 살아야 하며 우리 사회는 어떤 모습이 되어야 할지, 철학적인 부분을 생각하게 되고요. 노동조합 활동하면서 많이 변화한 거죠. 처음엔 아무것도 몰랐고, 그저 보통 사람들 사는 것처럼 돈만 좀 많이 벌어 노후를 편안히 보내는 것 정도만 생각했는데.

결혼하기 전에 아내한테 이렇게 얘기했어요. '내가 3년 정도 한국합섬 다니면서 천만 원쯤 모아 장사를 할 거다. 10년까지는 이런 장사, 20년까지는 이런 장사 하고, 그 다음 10년 동안 어찌어찌 몇십 억을 벌 거다. 그리고 **60살쯤 되면 그때부턴 내가 번 돈으로 나이 많은 어르신들과 함께하는 그런 삶을 살면 좋겠다. 어떻게 생각하십니까.**' 근데 의외로 아내의 대답이, **자기는 오갈 데 없는 아이들이랑도 같이 살았으면 좋겠다**는 거예요. 그때 결혼하려고 맘을 먹었죠.

정소은 408일 굴뚝농성을 하고 내려오셨을 때 찍은 영상에서 부모님 모습을 뵈었는데, 부모님은 노동투쟁 하는 것에 대해 어떻게 생각하셨나요?

차광호 민주노동당 활동하던 게 2001년이고 아버지와 정치적 대립이 생겼어요. 칠곡 골짜기에 계시는 아버지는 두말없이 한나라당을 찍었죠. 많이 얘기하고 싸우기도 하다가, 언젠가 아버지가 "야, 이번에 내가 민주노동당 찍었데이" 이럴 정도로 이해하게 되셨어요. 굴뚝 올라가 있을 때 아버지와 통화하면 어쨌든 안전하게 내려올 수 있기만을 바라셨지… 10년 넘게 아버지와 대화해왔기 때문에 아버지는 아마 그런가 보다 하고 이해하셨을 거예요. 지금도 그렇고. 지금보다 평범한 삶을 살았다면 부모님과 가족의 금전적 부분이 나았겠지만, 살아온 과정을 후회하진 않아요.

정소은 가장 친한 친구는 몇 분 정도 되세요?

차광호 학교 때 바지도 같이 맞춰 입고 몰려다니던 삼총사가 있었는데, 노동 학습한 뒤로는 동지들밖에 안 남더라고요. 사상이나 철학적 관점이 비슷할 때 친해지는 거지, 친구관계가 쉽지 않아요. 그래도 초등학교부터 고등학교까지 12년을 같이하고 군대도 같이 다녀온 친구들도 있죠. 계모임도 하는데, 내가 이런저런 얘기하면 '야, 이제 고만 해라' 하기도 하고.

나는 아내와 등산을 하면 좋겠는데 아내는 등산을 싫어해요. 굴뚝투쟁 끝나고 내려와 같이 시간을 가져보려고 아파트 옆 중학교 실내체육관에서 배드민턴을 치기도 했는데, 그 다음부턴 안 하려고 하대. 그 대신 초·중·고를 같이 나온 부부 여섯 쌍과 가끔 볼링은 치러 가요. 투쟁을 잠시라도 잊을 수 있는 시간. 그런 시간은 몇 달에 한 번. 기분전환을 위해, 개인을 위해 쓰는 시간은 딱 그 정도예요. 어제 내려가 한번 보고 왔네요.

여기선 옥배하고 콜트콜텍 형님하고 저녁 먹고 반주하고, 당구 한 게임 하고… 가끔 그렇게 몇 번 하죠. 그게 전부죠. 산에 가야 하는데 산에는 못 가고. **시간보다는 마음 문제죠**. 여길 비우고 갈 마음의 여유가 없는 거예요. 시간이 없다는 건 핑계라고 봐요. 자기 충전의 시간이 필요하죠. 그런 마음의 여유가 필요해요.

오늘, 내 삶을 산다

정소은 요즘 주무시기 전엔 보통 어떤 생각을 하세요?

차광호 3분의 1은 그냥 곯아떨어져요. 일지 적다가 다 못 적고 잠들어버리고. 평소 자주 하는 생각은 다섯 명이 똘똘 뭉쳐 뭔가 해볼 방법이 없을까, 오늘의 상황과 발생한 문제에 관해 얘기 나눈 것을 어떻게 같이 풀어나갈까, 이런 고민들이 머릿속을 떠나질 않아요. 어제도 내려가서 볼링 치는데 여기 생각이 자꾸 나는 거예요. 그럴 땐 '안 돼, 안 돼, 스트레스 잠시 잊고 충전해야지' 이러죠.

정소은 투쟁이 길어지고 있는데, 버티는 근력이 강인하시다는 생각이 들어요. 스스로 매일의 마음을 어떻게 다잡으며 지내세요? 예전부터 꾸준히 가져온 방법론이 있으신가요?

차광호 내 삶이잖아요. 오늘이 내 삶이에요. 지금 이 시간도 내 삶이고. 예전에 내가 어떻게 살아왔는지가 축적되어서 지금 내가 있는 거고. 지금 이 순간 어떻게 보내느냐에 따라 내일이 달라진다는 게 기본적인 생각이에요. 그걸 스스로에게 강요하거나 하진 않지만.

우리 중에 죽지 않는 사람은 없죠. 다 죽죠. 그러면 어떻게 살다 가는 게 제일 좋은 걸까. 저는 그래요. 내가 지금 이 순간에도 나가서 일을 하다가 어떤 사고로 죽을 수 있다, 단 죽기 전에 나한테 묻는 거지, '차광호, 니 잘 살았냐' 하고. 그때 '차광호, 너는 살고 싶은 삶을 열심히 살았다' 하고 누가 얘기해주지 않아도 내가 그렇게 생각할 수 있다면 흔들리진 않아요. 아마 다른 사람들도 대부분 그리 살 건데.

과거에 자기 목숨을 바쳐 투쟁하며 살았던 삶들. 그런 삶들이 다 축적되어서 지금 우리의 삶까지 와 있는 것처럼, **저도 그중 하나의 삶인 거예요.** 단지 내 목숨을 걸고 하는 방식은 근본적으로 달라질 수 있게 하는 방식이 아니라서 그렇게 안 할 뿐이죠.

우리 투쟁을 통해 사람들이 많이 알아야 한다고 생각해요. 텀블벅 사이트에 있는 인터뷰 영상에 우리의 요구안을 모두 담지는 못했지만, 받아들이는 사람들이 어떻게 받아들이느냐는 그들의 몫이라고 봐요. 투쟁에 관해 말할 때 이 이야기를 처음 듣는 누군가가 어떻게 생각할지를 일일이 고려할 수는 없어요. '아, 저 사람 아직도 저러고 있네'라며 손가락질 받더라도, 문제를 정확하게 얘기해줘야만 우리가 요구한 게 분명히 드러난다고 생각해요. 사람들이 그걸 보고 '어, 왜 그러지?' 하며 반응하는 게 중요해요. 단 한 명이 보고 '아, 저건 왜 저럴까? 그럼 나는 뭘 해야 하지?' 이렇게 고민하게 하는 것. 자기 삶을 그대로 받아들이면서 사는 게 아니라 모두 함께하는 삶이 되는 것. 사람이 공부나 학습을 통해 머리로 알 수는 있어요. 그런데 **어려운 건, 내 몸에 배어 있는 자본주의의 때를 벗겨내는 것이고, 그 과정은 시간이 아주 오래 걸려요.**

인터뷰

제대로 된 삶을 살기 위해
굴뚝에 오른 것 - 박준호

정윤영

　　소년이 있다. 열일곱의 소년은 성악가가 되고 싶었다. 노래를 곧잘 불렀고, 노래 부르는 걸 좋아했다. 소년은 성악을 공부하고 싶었고 열일곱에 벌써 진로를 정했다. 친구들 앞에서 가곡도 부르고 유명한 오페라 아리아도 부르곤 했다. 노래를 불러 분위기를 잘 띄우고, 친구들과 노는 곳이면 어디든 빠지지 않았다. 인기투표와도 같았던 반장선거에서 소년은 반장을 놓쳐본 적이 없었다. 소년은 어딜 가나 항상 인기가 많았다.

　　성악가의 꿈은 오래가지 못했다. 학교 선생님의 도움으로 레슨을 몇 번 받아보기도 했지만, 그때뿐이었다. 집안

형편을 뻔히 알면서 음악을 계속하겠다는 말을 할 수는 없었다. 남들처럼 성적에 맞춰 대학엘 갔고, 성악의 꿈은 대학 동아리에서 노래 부르는 것으로 대신했다.

군대 제대하고 그가 처음으로 사회생활을 시작한 곳은 인천. 자동차 부품을 만드는 하청업체였다. 대학 전공을 살려 자동차 부품 업체 관리직으로 입사했지만 회사 생활은 길지 않았다. IMF 여파를 실감하며 입사 2년 만에 사표를 써야 했다. 직장을 그만두고 가족이 있는 예천으로 돌아왔다. 집에서 쉬는 그에게, 자형姉兄은 자신이 다니는 한국합섬에 입사하면 어떻겠느냐고 권유했다. 한국합섬은 실을 만드는 회사였다.

한국합섬에 입사한 건 2003년, 그가 서른한 살이던 해였다. 그가 입사할 때만 해도 한국합섬은 공장을 여러 개 돌렸고, 직원도 800명이 넘었다. 노동조합도 있었고 직원들 대우도 나쁘지 않았다. 오래 다니고 싶었고, 평생직장이었으면 했다. 서른이 넘은 자신의 나이를 생각할수록 더 절실했다.

두 번 잘리고, 두 번 굴뚝에 올랐다

평생직장을 꿈꾸었던 한국합섬은 입사한 지 2년 만에

파산했고 공장은 문을 닫았다. 한국합섬은 스타케미칼이라는 이름으로 바뀌었고, 직원 대부분은 이름 바뀐 회사에 남았다. 3년쯤 지나, 직원들은 또 한 번 해고됐다. 권고사직을 받은 직원들은 대부분 회사를 떠났고, 남은 사람들은 해고자복직투쟁위원회(이하 해복투)를 만들었다. 스물일곱 명이었다. 스타케미칼은 파인텍으로 다시 한 번 이름이 바뀌었고, 직원들은 충남 아산에 있는 공장으로 출근했다. 해복투가 408일 동안 굴뚝 위 고공농성을 벌이며 목소리를 낸 결과였다.

파인텍 공장으로 온 사람은 모두 여덟 명이었다. 사측과 약속한 대로 충남으로 출근한 첫날, 여기 불러들인 것이 '제 풀에 지쳐 떨어져 나가게 만들려는 꼼수'이고 '파인텍 역시 투쟁의 연장선상'에 있으리라는 예상은 확신으로 바뀌었다. 여덟 명 모두 같은 생각이었다. 준비하는 중이라고 했지만, 공장은 패널로 지은 가건물에 사무집기라고 할 만한 게 하나도 없었다. 기숙사도 사람이 지낼 만한 곳이 아니었다. 게다가 기숙사 생활을 하는 직원들에게 점심 한 끼만 제공할 거라고는 상상도 못 했다. 처음부터 공장을 운영할 생각으로 파인텍을 만든 게 아니라는 생각만 커졌다. 1년 가까이 '월급 주기도 힘들다'는 관리자의 앓는 소리를 들으며 최저임금도 되지 않는 월급을 받았다.

불투명한 미래에 앞이 캄캄했고, 싸움이 길어지리라

는 건 눈에 보듯 빤했다. 처음 800명이 넘던 조합원은 회사가 두 번 바뀌고 공장을 옮기면서 거의 떠나갔다. 그래도 버티겠다고 남은 사람은 다섯뿐이었다. 끝까지 가겠다고 했지만, 탈출구는 보이지 않았다. 그렇다고 여기서 그만둘 수는 없었다. '이러고 파인텍을 나가면 다른 데 가도 또 똑같을 것' 같았다. 그는 굴뚝에 오르기로 했다. 두 번째 고공농성이었고, 홍기탁과 함께였다.

"홍 동지랑 둘이 올라갈 때 빨리 가야 한다는 생각에 정신없이 올라갔죠. 다른 생각할 여유는 없었고 올라와서 숨 한 번 돌리고, 오늘부터 시작이구나 싶었죠. 두 번째 올라온 건데 최대한 건강하게 잘 버텨서 요구사항이 관철될 수 있게 해야죠."

나와 별개인 삶은 없다

한국합섬에서 시작한 사회생활은 파인텍에 이르기까지 일한 시간보다 투쟁하며 지낸 세월이 더 길다. '월급 받으며 살아야 하는 노동자로 자기 목소리를 내고자' 했던 박준호와 파인텍 동지들은 '어찌 됐든 싸워야만 했고 길에서 지낼 수밖에' 없었다. 10년 넘게 회사와 싸우고 거대 자본과

정치권력의 민낯과 투쟁하면서 바뀐 건 자는 곳만이 아니었다. 만나는 사람도 그가 자주 쓰는 낱말도, 가족들과 주고받는 이야기도 전과는 아주 많이 달라졌다.

어릴 때부터 친하던 친구들 모임에 잘 나가지 않은 지 오래다. '아직도 글카고 있나', '점마 빨간물 들었다'라는 말을 듣는 것도, 어쩌다 만난 고향친구들과 매번 언성을 높이는 것에도 마음이 상했다. 그렇다고 친구들 말에 수긍하며 거짓을 말할 수도 없었다. 자연스레 모임과 멀어졌고 친구들이 이해해줬으면 하는 바람도 시간이 지나면서 사그라졌다.

길에서 자고 굴뚝에 오르는 것을 반기는 가족은 물론 없었다. 싸움이 길어지는 걸 보는 가족들 걱정을 모를 리 없다. '박근혜라면 껌뻑 죽는 동네'에서 나고 자란 그가 가족들에게 투쟁을 설명하기는 더욱 쉽지 않았다. 그가 굴뚝에 오르기까지 길에서 싸워온 시간은, '노조에 얽매였다'며 그의 투쟁을 말리는 가족들을 이해시키는 시간이기도 했다.

"지금 일자리를 알아보면 어디든 들어가긴 하겠지만, 여전히 비정규직으로 살 거잖아요. 찍소리도 못하고 그만두는 삶을 되풀이하고 싶지 않아요. 지금 힘들더라도 뭐라도 바꿔내야 나중에 다른 일을 하더라도 제대로 된 삶을 살지 않겠느냐고 얘기해요. 박근혜가 탄핵됐을 때 어머니는 저더러 '속시원하겠네, 잘됐다'라며 공감해주시더라고요. 가족이니까 제 얘기를 들어주시죠."

인기 많고 친구 많았던 그에게는 여전히 그를 좋아하고 따르는 사람들이 곁에 있다. 고향 친구보다, 아니 가족보다 더 자주 보고 더 깊이 생활에 들어와 있는 사람들. 나이도 다르고, 고향도 취향도 다르지만 서로를 잘 이해하는 사람들. 많은 것을 말하지 않아도 그저 위안이 되는 사람들. 그가 동지라고 부르는 사람들이다.

굴뚝 아래 동지들은 굴뚝 위 두 사람을 늘 걱정한다. 박준호는 굴뚝 아래 동지들이 더 걱정이다. 굴뚝 아래 세 사람은 하루빨리 투쟁이 마무리되고 동지들이 건강하게 내려오기만을 기다린다. 박준호 역시 굴뚝을 내려와 보고 싶은 동지들과 시원한 맥주 한 잔 들이키기만을 바라고 있다. 굴뚝 위 생활이 힘들지 않느냐는 뻔한 질문에, 그는 동지들을 향한 애정을 드러냈다.

"솔직히 둘이 올라와 있지만 몸이든 맘이든 분명히 한계는 있을 텐데 극복할 수 있을까, 몸 건강하게 내려가서 동지들 만날 수 있을까 고민돼요. 차광호 동지가 고공농성할 때는 밑에 열 명이 있었는데 지금은 세 명뿐이잖아요. 굴뚝 밑에 있는 동지가 더 힘들어요. 수발들어야 하고 투쟁 아닌 투쟁을 하는 거니까. 투쟁이 마무리되면 동지들이랑 시원한 맥주 한 잔 하고 싶어요. 위에 있다 보니까 동지들 보고 싶고 그렇습니다. 연대했던 동지들하고 만나고 싶고요."

성악가가 되고 싶었던 소년은 이제 마흔 중반을 훌쩍 넘겼다. 중년의 나이가 되는 동안 성악가의 꿈도, 평생직장에서 일하고 싶었던 삼십대의 바람도 너무 금방, 너무 쉽게 깨져버렸다. 그는 더 이상 가곡을 부르지 않았고, 평생직장의 삶을 기대하지도 않는다. 해고노동자의 삶에 관심을 갖고 연대하는 사람이 많지 않다는 것도, 그런 마음을 내기가 쉽지 않다는 것도 늘 잊지 않으려 한다.

그러나 그는 여전히 노래를 부른다. 가곡 대신 부르는 노래는 투쟁가다. 분노의 노래이며 연대의 노래이고 그리하여 희망의 노래인. 기타를 치며 투쟁가를 부르는 그의 모습을 떠올리니, 그가 성악가를 꿈꾸는 소년처럼 느껴졌다.

굴뚝에 올라온 것을 '기회'라고 말할 때에도 그랬다. 이렇게 높은 곳에 올라와 살아보는 경험을 누가 해보겠느냐면서, 굴뚝에 올라가 새로운 풍경, 새로운 세상을 볼 수 있게 돼 감사하다고, 다시없을 좋은 계기라고 그는 말했다. 마치 몰랐던 세상을 탐험하고 새로운 진실에 눈뜬 소년처럼.

그가 해고와 투쟁을 계기로 새로운 삶을 마주하고 있듯 누구나 삶에서 계기를 만나기를, 그 계기를 지나치지 않기를 바라본다. 그 계기들이 타인과 손잡고, 타인의 삶에 한 발 가까이 다가는 변화와 연대의 삶으로 이끌기를 바라본다.

"이게 당사자만의 문제가 절대 아니거든요. 해고자만이 투쟁해야 할 사람이 아니에요. 모든 사람이 노동자잖아요. 그런데 파업하고 고공농성하는 사람들을 보는 눈초리는 따갑죠. 사실 한 발자국만 다가서서 보면 모두 나와 관계된 사람이고, 나와 별개인 삶은 없어요."

인터뷰

'밥그릇 되찾기' 말고 '세상을 바꾸기' - 홍기탁

정소은

'마음은 굴뚝같지만' 프로젝트는 굴뚝농성을 시작한 지 몇 달 뒤 출발해서, 홍기탁의 인터뷰는 사실상 일면식 없는 상태에서 이뤄졌다. 전화나 문자메시지로 소통해왔으나 굴뚝 위 홍기탁을 직접 만나보지는 못한 채 전화 인터뷰를 한 것이다. 그와 인터뷰를 한 8월 첫 주는 폭염이 절정에 달해 한낮의 굴뚝 위 온도가 45도를 넘어 50도 가까이까지 오르기도 했다. 와중에 홍기탁과 박준호, 두 사람은 '고장 난 온도계를 교체해달라'는 웃지 못할 농담을 건네는 여유를 잃지 않았다. 굴뚝 위 열기가 조금 식었을 밤 9시경 전화를 걸어 약 100분 동안 이야기를 나눴고, 그 일부를 싣는다.

홍기탁 초등학교 땐 지는 걸 싫어했어요. 집이 워낙 가난해서 6학년 때까지 도시락을 못 싸갖고 다녔어요. 나는 굶는 스타일은 아니고, 젓가락만 갖고 다니며 친구들이랑 다 같이 나눠 먹고 했어요. 가을걷이 끝나면 그때부터 봄까지는 도시락 싸갖고 다닐 수 있었죠.

고향이 경북 상주예요. 18대 종손이고 1남 4녀 중 넷째. 위 누나와는 3년 차이, 아래 동생과는 2년 차이. 누나는 항상 전교 1등, 동생도 전교 1등, 저는 마이너스…(웃음) 어릴 때 부모님께 많이 맞고 자랐어요. 집안 분위기가 엄했어요. 예의범절 중요시하고, 공부 안 한다고 야단도 많이 하고. 그러다 공부를 더 안 하고 손을 놨어요. 누나가 가르쳐준다 해도 '가라, 안 한다!' 그랬고.

고등학교 졸업하자마자 일용직 노동을 했어요. 철근 노동자로 1년 정도 아파트 단지에서 일했죠. 그때 '우리 아버지 고생 많이 하셨겠구나' 하는 생각을 많이 했죠. 우리 집은 소작농이었어요. 논 6마지기가 다였으니까 거의 빈농이라 봐야 해요. 당시 소작농이랑 지주가 5대 5였나, 100가마 나오면 지주한테 50가마 주죠. 어릴 때부터 집안일 말도 못하게 도왔어요. 제일 힘든 게 모내기랑 타작. 모내기는 다 손으로 했어요. 저는 못줄 담당이었고 어릴 때부터 계속 했는데,

뙤약볕에서 너무 힘든 거예요. 한번은 초등학교 때 모심는 날 미꾸라지 잡으러 도망갔다가 집에 와보니 다 심어놨더라고요. 아버지가 지게 받치는 막대기로 네 방을 때리시는데 '내가 아버지 친아들이 아닌가 보다' 생각했어요.(웃음)

정소은 중고생 때도 비슷한 성격이었나요?

홍기탁 문제아는 아니었어요, 가출은 한 번 해봤지만. 오토바이 사달라고 친구 집으로 일주일 가출 했죠. 집에서 학교까지 5킬로미터였는데, 고등학교 올라가면서 '나도 갑빠가 있지, 자전거론 안 되니 오토바이 사주이소' 하니까 안 된다고 해서 친구 집에 일주일 있다가 돌아왔는데, 오토바이를 사놓으셨더라고요.

    고1 때 친한 친구 열한 명이 있었어요. 싸움 잘하는 애도 있고, 공부 1~2등 하는 애도 있고 다 착했어요. 그 학교가 중·고등학교 함께 있는, 약간 좀 꼴통학교였는데 전통이 하나 있었어요. 중3 학생들이 졸업할 때 데모를 해요. 날짜를 정해서 그날 중3 전체가 수업을 거부하고 학교 측에 '이러이러한 부분을 시정해달라'며 요구하고 학교 밖으로 나가요. 그래서 그걸 들어주면 오케이하고, 안 들어주면 안 돌아와요. 그게 선배들 때부터 있던 전통이에요. 사립학교였는데 문제가 좀 있었거든요, 학생들을 이유 없이 구타하고.

정소은 괜히 하는 반항이 아니라 필요한 것을 요구한 거네요. 어린 시절에 이미 단체협상을 경험하셨네요?

홍기탁 아, 말도 안 돼요.(웃음) 그땐 솔직히 우리도 깜짝 놀랐어요. 아침에 학교 갔더니 '우리 내일 이걸 다 같이 실행해야 한다'면서 날짜를 정하더라고요. 보통 중3 11월 말쯤. 우리 때에도 요구사항이 몇 가지 있었는데 거의 다 부결됐고, 선생이 학생 구타하는 것만 좀 정리됐죠. 고 1-2-3학년 안에서 위계질서는 확실했지만 학교 안에서 애들 괴롭히고 하는 '일진'은 없었어요. 촌 동네여도 그런 게 확실했어요.

데모를 막던 전경, 투쟁가를 부르기까지

정소은 고등학교 졸업 후엔 노동을 하셨다고 했는데, 그건 얼마 동안 하신 거예요?

홍기탁 흔히 '노가다'라고 하죠. 군에 가기 5개월 전까지 1년 정도 했을 거예요. 경기도 부천 한양아파트. 지금도 안 잊죠. 친구들과 다 같이 올라왔어요. 한 달 막노동하면서 공사장 컨테이너에서 먹고 자고 했는데 육십 몇 만 원 받았던 것 같아요. 철근 작업. 철근 조립을 하려면 어깨로 다 날라야 해요. 상당히 힘든 노동이에요. 우리는 어려서 그 정도 받은 거지, 당시 철근 노동 일당이 상당했어요.

정소은 군대 생활은 어떠셨어요? 왠지 군생활 잘하셨을 것 같은데.

홍기탁 이거 또 레파토리가 나오는데… 저는 안타깝게도 전경이었어요. 서울 기동대에서 1993~95년 데모를 막았어요. 자대 배치받고 얼마 안 돼 최전방에서 방패를 잡은 거예요. 그때 대단했어요. 8·15행사를 하면 3박 4일간 했어요. 처음 막은 데가 연세대 8·15범민족대회. 연세대 정문 쪽을 뚫으려고 달려가는데 대학생 선봉부대가 쇠파이프 들고 와요. 막 싸우고 있는데 머리에 소화기를 맞고 기절해 실려 갔죠. 근데 제 머리가 원래 좀 단단해서 괜찮더라고요.

　　3년 동안 쇠파이프 맞기도 많이 맞았죠. 데모란 데모는 다 갔어요. 기억나는 또 한 군데는 미아리 사창가. 거기에 고가도로가 생기는데 절반을 거둬낸다는 거예요. 여성들이 나와 데모하는데, 우리한테 막으라는데, 어떻게 해야 할지를 모르겠는 거예요. 때리거나 할 수도 없고, 여성의 몸을 함부로 할 수가 없잖아요. 근데 고참들은 잘하더라고요, 전부 버스에다 막 거침없이 밀어 넣고… 그때 '아, 이렇게 하는 게 맞나' 하는 생각이 많이 들었죠.

철거민 투쟁을 막으러 간 적도 있어요. 아스팔트에 내리자마자 바로 논이었어요. 진압하러 막 올라가는데 할매들이 앞에 서고… 근데도 중대장이 밀라고 하는 거예요. 시킨 걸 안 하면 우린 부대 들어가서 작살나니까. 그래서 밀기 시작하는데 뒤에서 할매들이 자기가 쓰던 요강을 막 던지고, 어디서 분뇨도 날아오고. 젊은 애들하고 싸우다 부딪쳐서 맞으면 열이 솟기라도 할 텐데, 그땐 도저히 안 되겠더라고요. 뭘 할 수가 없어요. 그 뒤로도 많았어요, 농민대회, 노동자대회…

정소은 군 제대 후 한국합섬에 바로 입사하신 건가요?

홍기탁 제대하고 친구랑 동대문에서 반팔티를 박스로 떼다가 팔아볼까 했어요. 그러다 친구 한 놈이 구미에 한번 올라가보자 해서 갔죠. 걔는 취직하려고 간 거고, 난 그냥 따라간 거예요. 공단에 가자고 해서 가보니 게시판에 회사마다 채용공고가 붙어 있어요. 친구가 여기 한번 지원해보자, 상여금도 많이 주고 월급도 괜찮다 해서 거기에 냈죠. 그러고 나니까 면접 보러 오라고 연락이 오더라고요. 당시엔 떨어지는 사람은 소수였고, 지금과는 달랐어요.

스물세 살, 한국합섬에 입사했어요. 제대하고 처음 월급을 받아본 거죠. 공장은 거의 군대식이었어요. 고참·쫄따구 그런 의식이 강하고. 그런데 **이런저런 생각하고 어쩔 겨를도 없이 산재사망 사고가 났어요.**

그 기사가 신문에 아주 쪼그마하게 났어요. 당시 한국합섬 회장이 상공회의소 회장이었거든요. 두 명이 죽었는데도 언론을 안 타요. 노동조합이 1993년에 만들어졌고, 제가 입사했을 땐 노조가 있던 상태죠. 그런데 수습기간 딱 지나고 나서 산재사고가 터진 거예요. 그때 회사와 노동조합이 보상 문제로 협상을 하는데, 협상이 잘 안 돼요. 원래 노동조합이랑 회사는 1년에 한번씩, 4월에 교섭을 해요. 그래서 노동조합 요구안과 산재사망 문제를 함께 가지고 교섭을 하는데 12월부터 계속 싸워도 안 되고… 그러다가 결국 1996년에 38일간 옥쇄파업을 해요. 노동자들이 공장 점거를 하고 사수하는 거예요. 막 헬기 날아다니고, 경찰들 맨날 들어오려 하고, 쇠파이프로 정문에서 막고. **저도 38일 동안 그 안에 있었어요. 한 번도 도망간다든지 이런 게 없었고, 저는 그때 가장 많이 변한 것 같아요.**

큰 계기였죠. 저는 전경을 했기 때문에 노동가요 몇 가지는 알고 있었어요. 「임을 위한 행진곡」, 「단결투쟁가」, 「민주노조가」… 당시 노동조합이라는 걸 조직적으로 결성하고, 공장 점거해 싸우고, 감옥 가는 것조차 감수하는 고참들이 제 딴엔 대단해 보였어요. 그땐 고참이 가자면 가고 그랬어요. 동지들 싸우러 가면 옆에 동지들 다칠까 봐 계속 걱정되고. 그러면서 그때에 가장 많이 바뀐 것 같아요.

정소은 지금 파인텍 농성장엔 다섯 분만 계신데, 과거 친구나 동료 가운데 지금도 만나는 분이 계세요?

홍기탁 고향 친구들 열한 명은 고1 때부터 지금까지도 보죠. 추석이랑 설에 가족과 다 같이 모여요. 한국합섬 때 민주 노조 세웠던 핵심들은 다 떠나갔어요. 그 사람들과 연락은 안 해요. 사회에서 가장 가까이 지내는 사람들은 스타케미칼에서 마지막까지 같이 싸운 동지 열한 명, 그리고 한명 더 있고. 그러고 보니 '11'이 안 좋은 숫자네요.(웃음)

정소은 박준호 동지는 기타도 잘 치고 음악에 관심 많으시던데, 주로 어떤 쪽에 취미가 있으세요?

홍기탁 모든 운동을 조금씩 해요. 특히 족구. 초등학교 땐 배구도 좀 했고. 초등학교 때 162센티미터였는데 그 키가 지금 키예요. 고등학교 때 100미터 12초 8에 뛰었죠. 고등학교 3년 동안 유도도 했고. 장기투쟁 사업장 가면 족구 못하는 사람 없어요. 원래 가장 좋아하는 건 산이에요. 전에는 산에 미쳐서 등산용품도 사고, 겨울 산 가고, 백두대간도 타고 그랬죠.

투쟁이 벌어지면 집에 잘 안 들어가요. 차광호 408일 올라가 있는 동안 제가 집에 간 건 열 손가락 안에 꼽아요. 아이들과 얘기할 시간이 별로 없었어요. 한국합섬 5년 사수 투쟁 하는 동안에도 집에 소홀했죠. 2005년부터 지금까지 공장 가동된 세월은 1년 8개월이 다였고, 지금도 이런 투쟁 하고 있는데 그 사이 아이들은 훌쩍 커버렸고. 큰애랑 얘기 많이 못한 게 가장 아쉽죠. 큰애가 고스란히 그걸 다 봐왔으니까. 지금은 큰애가 내 걱정 많이 한다고 하던데… 이 싸움이 마무리되면 속 얘기를 좀 나눠봐야죠. 전화통화 하는 건 안부 외에 얘길 잘 못하니까요. 애들이랑 대화를 많이 나누고 싶어요. 같이 커피도 마시고, 영화도 보러 가고, 그러고 싶죠.

막내는 상당히 활발한데, 첫째와 둘째는 어두운 부분이 있어요. 한국합섬 5년 싸울 때, 마지막엔 소수 몇 명밖엔 없었거든요. 그런 과정에서 집에 돈을 못 벌어다 주니까 어쩌다 한 번 들어가면 싸움인 거죠. 아내가 우울증도 자주 왔고, 제일 힘들었을 거예요. 저는 스스로 하고 싶어 하는 거지만, 아내는 그저 사람 하나 좋다고 온 건데.

정소은 요즘은 어떤 것 같으세요? 영상통화 하신 동영상을 잠깐 봤는데, 표정이 좋아 보이시더라고요.

홍기탁 그래도 지금 싸움은 한국합섬 5년에 비하면 아무것도 아니에요. 그때는 나날이 진짜 고통이었어요. 하도 모든 꼴을 다 봤기 때문에. 3만 2천 평 되는 공장을 지켜야 했으니까요. 사업주가 노동자들을 공장에서 몰아내려 했지만, 치열하게 싸운 끝에 결국 공장을 사수해냈죠. 하지만 1년 후 공장은 파산하고 말았고. 그땐 주위에 연대하는 사람들도 다 그랬어요. '**희망도 없는 공장 왜 지키냐, 대충 마무리해라**', 다들 그랬죠. **그런데도 공장을 5년 지킨 끝에 다시 가동시켰잖아요.** 그게 스타케미칼인데.

이 싸움이 어떻게 끝나든, 세상을 바꿔보고 싶다

정소은 앞으로 잘 전개되어야 할 텐데요. 지금은 날이 너무 더워서 그게 제일 걱정이에요. 굴뚝 위 온도가 40도에서 50

도까지도 올라갔는데, 그럴 땐 어떤 생각으로 버티셨는지, 요즘엔 주로 어떤 생각을 하시는지 궁금해요.

홍기탁 솔직히 얘기해도 되겠죠? 올라와 머릿속에서 제 개인사를 걱정한 때는 극소수일 거예요. 지금은 이 싸움의 방향을 어떻게 해야 할지, 지금 우리가 처한 현실의 조건은 어떻고 우리 조직 상태는 어떻고, 그러면 어떤 방법들을 가져가야 할지, 어떤 게 최선책인지, 이런 고민을 끊임없이 해요. 그걸 고민하는 과정이 있으면 그걸 공부하는 과정도 있어야 해요. 그러려면 세상이 어떻게 돌아가는지를 알아야 해요. 남북관계가 어떻고, 미국은 어떻게 자본권력을 이용해 중국과 관계를 만들지, 그러면 그 파장이 우리 노동자들에게 어떻게 다가올지, 그래서 남한 노동자들은 어떻게 될 것인지, '쌍차' 문제는 어떻게 돌파구를 마련할 건지, 대법원 문제에 대해 노동자들은 어떻게 공격해야 하는지, 기무사 사건은 어떻고…

그러려면 공부를 해야죠. 기무사 역사를 알아봐야 하고, 대법원 역사를 알아봐야 하고, 그놈들이 이때까지 해온 행동을 알아야 하고, 어떤 사건들이 있었으며 그게 우리에게 어떤 영향을 미칠지, 그럼 우리는 정치투쟁을 어떻게 밀고 나갈 건지, 어떻게 판을 키울 건지, 우리 동지들이 받아안을 수 있는 수준은 어디까지인지… 수많은 생각을 하죠, 매일같이. 그래서 다른 생각할 시간이 없어요.

정소은 '굴뚝에서 내려가면 이렇게 해봐야겠다'는 전략이나 방향성 같은 게 떠오르시나요?

홍기탁 이 세상을 굴리는 건 노동자와 민중인데, 왜 그들은 항상 가진 것 없이 살아야 하는가 하는 생각이 들어요. 국가는 대중과 노동자를 관리하죠. 관리 그 이상도 이하도 아니에요. 그러면서 자신들이 누려왔고 앞으로 누려야 할 미래를 설계하는 과정에서 재벌과 결탁하지 않으면 안 된다는 걸 알고 있어요. 예전엔 재벌의 힘이 그렇게 강하지 않았지만 지금은 그들이 지배하고 있죠. 자본권력. 그런데, 그런 상황에서 노동자들이 오로지 자기 혼자 잘 먹고 잘살기 위해 투쟁하면 평생 그걸 뛰어넘지 못한 채 그렇게 사는 거예요. 그런 세상을 계속 살아갈 거냐, 아니면 썩은 집단들을 조금이나마 무너뜨릴 수 있는 싸움을 전개할 거냐, 그건 노동자들의 정치의식이 높아져야 하는 문제예요.

 자본은 끊임없이 자기 이윤을 극대화하기 위해 노동자들의 노동시간을 쥐어짜죠. 그것도 모자라 이제는 파트타임, 탄력근로제, 이런 걸 막 도입하려 해요. 그들은 우리보다 훨씬 많은 힘을 가졌다고 생각하지만, 사실 그 힘의 원천은 노동자들, 민중에게서 나오는 건데. 그러면 다수인 노동자들이 왜 이 세상을 바꾸지 못할까. 그건 우리 노동자들 스스로 반성해야 한다고 봐요. 그 반성의 핵심은 정치의식이 높아져야 하고, 정치투쟁을 전면에 내걸고 싸워야 하는 것. 안 그러면 세상은 쉽게 안 바뀔 거니까요. 이재용이 구치소에서 웃으며 걸어 나오다 표정을 바꿨죠. 많은 걸 의미한다고 생각해요. 이 사회가 가진 이들을 위한 사회라는 걸 방증하는 거라고 봐요. **수많은 근본적인 문제들을 내버려둔 채, 나 하나만 공장에 다시 들어가서 일할 수 있게 되면 그게 장땡입니까? 아주 이기적인 삶이죠, 그건. 그래서 저는 이 싸움이 어떻게 끝나든, 그런 세상을 바꿔보고 싶은 마음이 아주 간절해요.**

정소은 굴뚝에서 내려오면 할 일이 더 많은 상황이네요.

홍기탁 그렇죠.(웃음) 안 그러면 안 바뀔 테니까요. **우리 이 싸움 기껏 해놓고 나서 현장에서 일만 하며 바깥으로 안 나올 거면, 뭐하러 투쟁하겠어요?** 자기 밥그릇 챙긴 싸움밖에 안 되는 거죠. 근본적인 걸 바꿀 생각을 하지 않으면 계속 반복될 거예요.

내 자식에게는 이런 세상 물려주고 싶지 않다고, 사람들이 방송에서 마이크 잡고 얘기 잘 하더만요. 그럼 자기부터 똑바로 살아야 해요. 자기가 그렇게 못 싸우면 자식들은 더 험난한 세상을 사는 게 당연해져요. 앞으로는 더 힘들어질 텐데. 기술력이 향상되는 건 기계가 고도화된다는 건데, 그러면 같은 시간 동안 만드는 생산품이 늘어난다는 거고, 그 생산품은 엄청나게 쌓여갈 거고… 역방향으로 가는 이게 자본주의의 모순이에요. 갈수록 더 힘들어진다는 거예요. 아, 제가 너무 많은 걸 얘기하고 있네요, 죄송합니다.

정소은 아니에요, 지금 필요한 얘기들을 해주신 덕분에 저도 여러 생각을 하게 되네요. 끝으로 한 가지 여쭤볼게요. 코앞의 미래도 예측하긴 어렵지만, 다들 연세가 어느 정도 드신 후에 우리 모두 노인의 길에 접어들면 어떤 삶을 살고 싶으신지, 그리는 모습이 있으세요?

홍기탁 사실 우리끼리 농담처럼 '우리가 언제 맛이 갈지 모른다'고들 해요. 소위 맛이 가지 않으려고 나름대로 사회과학 도서도 많이 보고 평소에 공부도 하고, 몸이 안 따르더라도 실천하려 애쓰고 있어요. 저 자신에게 계속 물어요. 이타적인 삶을 살아갈 건가, 아니면 내가 먼저 잘 먹고 잘살아야 싸울 에너지가 생기는 것일까… 그동안 워낙 없이 살아왔고, 지금도 긴 시간 힘들었기 때문에 사실 그게 약간 갈등이 돼요.

세상이 변할 수 있도록 제 몸을 던지고 싶은 생각이 아주 간절해요. 간절한 사람들이 실천해가야 하는 거죠.

우리가 오래 싸웠지만 '어떤 실천을 하자'고 내부적으로 결의해 실행에 옮기기까지는 많은 고민과 갈등이 있어요. 그럴 때마다 '너는 어떻게 살아갈 거냐', '그만두면 뭘 할 거냐' 계속 묻죠. 그래서 매 순간 자기 스스로에 대한 결단이 필요해요. 그러지 않으면 타인을 위한 삶을 산다는 건 쉽지 않아요. 물론 나도 개인적으로 볼 땐 나 자신이 소중하죠. 그것도 있지만, **나와 함께하는 사람들을 자꾸 걱정하고, 관심을 가지고, 잘못된 걸 지나치려 하지 말고 고치려 들고… 힘이 부족하더라도 말이죠.** 중요한 건 바른 원칙을 갖고 가야 한다는 것. 야바위꾼처럼 얍삽하게 가면 그건 세상을 바꾸는 게 아니라 오히려 열심히 투쟁하는 사람들 힘만 빼는 거죠. 자본가들이 바라는 세상을 자기가 앞장서서 만드는 형국인 거죠. 역사를 거꾸로 돌리는 거예요. 지금도 그런 정치조직이 엄청 많습니다.

정소은 연대할 뜻을 가진 잠재된 사람들이 있다고 느껴요.

텀블벅 펀딩도 아주 폭발적인 결과는 아니었지만, 381명이라는 숫자가 의미 있다고 생각해요. 그리고, 자녀들에게는 좀더 나은 세상을 만들어주는 게 돈을 벌어다 주는 것보다 더 큰 선물일 것 같아요.

홍기탁 아직까지 대부분의 노동투쟁 수준은 노사관계가 다예요. 우리가 얘기하는 노동악법, 이 땅을 이렇게 만든 더러운 권력기구는 해체시켜야 하는데 정작 그 문제는 다들 등한시해요. **올라와서 지금까지 260일 넘었지만 언론사 가운데 그걸 조명하는 곳이 없습니다. 그래서 381명 연대자들이 진짜 소중한 거죠.** 지금 이 사회에선 노동악법 문제가 언론으로 확 퍼지지를 못해요. 재벌과 권력들이 정해놓은 어떤 선이 있어요. 그걸 넘으면 탄압합니다. 저는 민중이 함께 만들어낼 수 있다고 봐요. 집단토론 하며 지혜를 모으고 공동체를 만들어가다 보면 가능성이 있다고 생각해요.

인터뷰

내성적인 옥배 씨의
세 번째 투쟁 – 김옥배

정소은

김옥배는 '마음은 굴뚝같지만' 펀딩을 진행하던 텀블벅 사이트에 소개된 굿즈 중 유리컵 사진에서 '손 모델'을 해준 인물이다. 농성장 앞에서 유리컵을 들고 있는 그의 손 사진을 찍으려는데, '잠깐만요' 하더니 농성장 천막 안으로 달려가 핸드로션을 바르고 나오던 모습에 모두가 웃음을 터뜨렸다. 그때의 이미지 탓에 밝은 성격일 거라 예상하며 인터뷰를 제안했는데, 이런 건 쑥스러우니 자기 건 꼭 짧게 해 달라고 신신당부를 해 왔다. 7월 중순경 낮의 농성장 앞에 앉아 얘기를 나눴다.

김옥배 고향은 구미예요. 지금도 구미에 살아요. 여기 투쟁 때문에 서울에 와 있긴 하지만, 구미에 방이 남겨져 있고 가끔 내려가요. 원래 엄청나게 내성적인 성격이에요. 군대 가서 성격을 바꿔볼까 싶어 일부러 군대도 일찍 다녀왔어요. 근데도 안 바뀌더라고요. 남들 앞에서 말하는 것도 진짜 힘들어하고, 울렁증도 진짜 많고 그래서…

정소은 보통 노동투쟁에 참여하는 분들을 보면 사람들 앞에서 마이크 잡고 얘기할 일도 많던데, 내성적인 분이 어떤 계기로 여기까지 오게 되셨어요?

김옥배 (굴뚝을 가리키며) 올라가면서 그렇게 바뀌었어요.

정소은 아, 동지분들이 굴뚝에 올라가시고 난 후부터?

김옥배 네, 그 전에는 노동조합 활동하면서 투쟁에 참여하곤 했지만, 마이크 잡고 인터뷰하고는 건 저랑 상관이 없었어요. 모든 걸 형들이 알아서 했고, 저는 뒤에 따라가 투쟁현장에서 피켓 흔들고 그런 거만 했어요. 주로 형들이랑만 얘기했지, 마이크 앞에 서거나 사회를 본다거나 한 적이 거의 없었죠. 그런데 **저 위에 두 명이 올라가면서 아래엔 세 명만**

남고, 결국 사람이 없으니 어쨌든 마이크까지 잡게 되고…
처음엔 진짜 많이 버벅거렸죠. 지금도 많이 버벅대고 있지만, 그래도 할 사람이 없으니까.

정소은 그래도 마지막에 남은 다섯 명 가운데 있다는 것 자체가, 소극적으로 가만히 있던 게 아니라 어쨌든 선택을 하고, 또 다음 선택을 하면서 결국 다섯 명에 포함되신 거잖아요?

김옥배 하긴 그렇죠. 이게 마지막 싸움이다, 이게 마지막 싸움이다, 하면서 벌써 세 번째까지 온 거죠. 첫 번째 투쟁 때는 조합원이 워낙 많이 남아 싸우고 있었어요. 회사가 파산하면서 공장이 완전히 멈춰 섰을 때 5년의 싸움을 했잖아요. 차광호 동지는 그 5년간 조합에서 계속 일한 사람이고, 저 같은 경우는 거의 생계활동 나갔던 사람이에요. 그러다가 김세권이 공장을 인수해서 재가동할 때 복직했고요. 복직할 때 차광호 동지 제안으로 간부를 했어요. 집행부로 마지막까지 있었는데, '아, 이거는 아니다' 이런 생각에 싸우기 시작해서 거의 3년을 투쟁했죠. 차광호 동지도 굴뚝 올라가기 전 1년 반 동안 싸우다가 안 돼서 결국 408일 올라가 있었던 거잖아요. 그렇게 싸워서 어쨌든 파인텍이라는 공장에 왔는데, 그조차도 속은 거였고, 그래서 또 이렇게 남게 된 거고.

'또 파업하냐'

정소은 구미에 살다가 한국합섬으로 입사지원을 하신 건가요?

김옥배 노조 대의원 한 분이 한국합섬 계열사에 있으면서 여기 원서 한번 넣어보라고 알려줘서 넣었는데, 면접 보러 오라는 연락이 왔고, 그렇게 다니게 됐어요. 그 전에도 이 회사 저 회사 많이 다녔고. 입사하던 해가 군대 제대하고 IMF사태 터질 때였어요. 그땐 어느 공장에 가도 정규직이 없었어요. 그런데 한국합섬은 노동조합도 있었고, '이런 게 회사지' 하는 생각이 들었죠. 그런데 입사한 지 5년 좀 지나서 바로 그 지경이 된 거죠.

월급이 세긴 했는데, 잔업이 워낙 많았어요. 365일 돌아가는 회사이기 때문에 3교대로 돌아갔고, 제가 들어가서 1년 있다가 4조 3교대가 됐어요. 한 조는 쉬고 나머지 세 조가 돌아가는 형태. 이런 식으로 교대 근무를 했어요. 당시엔 4조 3교대까지 하는 사업장이 별로 없었어요. 지금은 대기업들도 그렇게는 안 하죠.

일하는 건 그렇게 힘들지 않았어요. 계속 땀 흘리며 하는 일이 아니라 기계가 고장 나면 안으로 들어가 수리작업 하는 거였고. 박준호 동지 같은 사람들은 일이 그냥 일상이

에요. 아침에 출근하면 바로 정비하고 청소하고, 옷을 보면 항상 젖어 있어요. 제가 박준호 동지네 기계를 정비하는 팀이었어요. 작업하고 있으면 박준호 동지가 항상 저를 불렀어요. '기계에서 이상한 소리가 난다', 이러면 바로 가요. 가서 점검하고 괜찮으면 '괜찮아요, 돌리세요' 그러고, 문제 있다 싶으면 '작업합시다' 이렇게 결정해서 수리하고. 그런 일을 했어요. 그땐 재밌었어요.

정소은 자주 만나는 친구는 많으세요? 그분들은 지금 이렇게 노동투쟁 하는 것에 대해 어떻게들 얘기할지 궁금하네요.

김옥배 동네(구미) 친구들이랑 모임 하고 있어요. 저는 구미에 살다가 고등학교는 상주로 가서, 고등학교 친구들 모임도 하고 있고. 동네 친구는 저까지 7명, 고등학교 친구는 8명.

지금 하는 투쟁에 대해서는 잘 몰라요. 구미에는 워낙 보수 성향의 사람이 많아요. 저는 그냥 '파업하고 있다'고 해요. 한국합섬 때부터 파업을 자주 하니까, 친구들은 '또 파업하나' 그러죠. 일일이 깨놓고 얘기하진 않아요. 그러다 사회·정치·노동자 문제 얘기 나오면 자연스럽게 서로 생각을 나누게 되고요. 근데 '저놈 맨날 파업해서 안된다'며 뭐라고 하면, '너도 세상 좀 똑바로 보라'고 하면서 싸우기도 해요. 그래도 친하니까 25년 동안 모임을 하면서 보고 있는 거고.

정소은 친구들이 본인 상황에 대해 쉽게 얘기해도 별로 상처받지는 않으시나 봐요?

김옥배 구미에서 오래 살다 보니. 부모님도 박정희 얘기하면 '와' 하던 환경에서 살다 왔기 때문에. 그렇다고 내가 노동운동 공부 많이 해서 그 사람들 다 교육시킬 정도도 아니고요. 난 그냥 내 소신껏 사는 거고, 걔네들도 자기 소신껏 사는 거죠. 그냥 옛날 추억 생각하며 즐겁게 만나요.

아주 '징글징글한' 나의 동지

정소은 '이 투쟁이 얼마나 길어질까'에 대한 막막함이나 두려움 같은 게 있으세요?

김옥배 이미 '408일'이 있었기 때문에 이번에도 1년은 갈 생각을 하고 있고요. 더 길어지면 내부적으로 논의해서 방향을 잡아야죠, 무작정 갈 수만은 없으니까. 그 정도는 생각하고 있는데, 조급하게 생각한다고 해결될 문제는 아닌 것 같아요. **조급하게 하려고 했다면 고공농성을 선택하진 않았겠죠.** 마지막 선택이라는 마음으로 올라간 거고, 고맙게도 구미에서 할 때보다 여기에선 언론의 관심이나 연대해주시는 분들이 많아요. 여기는 투쟁현장이잖아요. 모든 투쟁현장들이 서울로 집결되니까.

정소은 가족들은 이런 상황을 자세히 알고 계세요?

김옥배 아뇨, 친구들하고 똑같은 거예요. 누나와 매형만 알아요. 나머지 형들이랑 부모님은 내가 열심히 회사 잘 다니고 있는 줄 알아요. 그래서 인터뷰도 잘 안 하잖아요. 근데 얼마 전에 오체투지 하면서 메인 뉴스에 나오고, KBS에도 나왔더라고요. 부모님은 드라마 보실 시간이라 아마 다행히 못 보셨을 거예요.(웃음) 봤으면 연락이 왔을 건데.

원래 차광호 동지가 구미에서 굴뚝 올라갈 준비할 때 저보고 '야, 너 나하고 같이 올라가자' 그랬어요. 올라가기 전날에도 저한테 '마음의 준비를 해라, 같이 가자' 그랬어요. 근데 저는 '생각 좀 해보고 오겠습니다' 했고. 저는 결국 못 올라가고 차광호 동지 혼자 올라갔죠.

정소은 같이 올라가고 싶은 만큼 의지가 되는 분이었나 봐요. 못 미더운 사람한테 같이 올라가자고 하진 않았을 텐데.

김옥배 전혀 의지 안 되는 사람인데. 난 지금 생각하면 안 올라가길 잘했다 싶어요.(웃음) 근데 가장 큰 거는 이거였어요. 시선이 집중되는 게 엄청 싫었어요, 제가 뭐를 앞에 나서서 한 적이 없으니까. 지금도 앞에 나서는 거 싫어해요. 어쩔 수 없이 하는 거지. 같이 못 올라간 데 대해 죄책감은 생각 안 해봤어요. 근데 얘기를 하고 보니까 갑자기 억수로 미안해지네.(웃음)

그 죄책감은 오히려 홍기탁 동지가 심했어요. 그런데 우리는 '두 명 다 올라가면 누가 밑에를 책임질 거냐, 차광호가 남든, 홍기탁이 남든, 한 명은 남아야 한다' 해서, 차광호 동지가 나를 지목했던 거고요. 아마 그때 차광호 동지랑 같이 올라갔으면 맨날 싸웠지 싶어요. 요즘도 맨날 싸우는데.

정소은 농성장에 계속 챙길 것이 은근히 많잖아요. 타임테이블 보면 일정도 빽빽하던데, 가끔씩 기분전환하고 싶을 때 주로 뭐하세요?

김옥배 한 번씩 내려갔다 오죠, 구미에. 가서 쉬다가 오고. 구미에 가면 부모님은 '결혼 언제 하냐'고 물어보세요. 그럼 저는 '언젠가는 하겠지' 한마디로 끝내고. 스트레스 해소는… 차광호 동지랑 맨날 싸우는 걸로 푸나?(웃음) 전 별로 스트레스 받는 성격이 아니에요. 내성적이지만 조급증 이런 게 별로 없어요. 그냥 가보자, 이런 마인드.

정소은 요즘 많이 덥잖아요. 일어날 때는 보통 무슨 생각이 먼저 드세요?

김옥배 큰 일정 있으면 그거 준비할 생각하고, 평소엔 일어나면 세수도 안 하고 바로 피케팅 가요. 정기(조정기)가 7시 47분에 알람을 맞춰놔요. 그러면 정기는 바로 이불 개고, 옷 갈아입고, 차에 시동 걸어요. 그러면 저는 같이 타고 CBS 앞으로 가죠. **피케팅은 이 문제를 알리기 위해 그냥 매일 하는 거예요.** 피켓 들고 있어도 말을 걸거나 물어보는 사람은 거의 없어요. 언제 한번 누군가가 '스타플렉스 김세권이 어떤 사람이에요? 그 사람 어디에 있어요?'라고 물어본 적이 있어요. 그래서 CBS 15층에 있다고 얘기해줬죠.

정소은 피켓을 통해 외칠 다른 구호가 필요하다는 생각이 드세요?

김옥배 그런 업데이트 같은 것도 차광호 동지하고 해야 하는데, 바쁘기도 하고 내용이 잘 안 나와요. 머리가 굳어서인

가. 우리는 이 문제를 매일 생각하고, 그 안에 있다 보니까 막상 사람들이 어디에 관심 갖고 어떤 말에 마음이 움직이는지를 찾기가 어려운 것 같아요.

정소은 지금보다 훨씬 나이 들었을 때, 노년에는 어떻게 살고 싶으세요?

김옥배 이 생각을 어릴 때부터, 회사 다닐 때부터 했어요. 나중에 나이 50~60세쯤 되면 촌에 돌아가서 살아야지. 구미 집에 땅이 조금 있어요. 만약에 그걸 부모님이 나한테 주신다면, 그 땅을 파고 물을 가둬서 낚시터 하면서 노후를… 그 꿈을 계속 갖고는 사는데, 아마 막내라서 안 물려주실 것 같아요.

정소은 차광호 지회장도 60세쯤 되면 어느 촌에서 아내와 동네 어르신들 모시며 함께 살고 싶다고 하셨는데.(웃음)

김옥배 아뇨, 저는 그냥 내 혼자, 촌에서 혼자 그렇게 재미나게 살고 싶어요. 그땐 고만 볼라고요. 징글징글해.(웃음)

인터뷰

파인텍 농성장의 막내, '조 선생' - 조정기

정윤영

　조 선생. 말이 별로 없고 '노땅 비슷한' 그를 친구들은 '조 선생'이라고 불렀다. 지금도 말이 없고 과묵하기는 마찬가지. 그를 오래 알고 지낸 사람도, 만난 지 얼마 안 된 사람도 그를 말 없는 사람으로 소개한다. 스스로도 '누가 말을 안 시키면 절대 말을 안 한다'고 했다. 인터뷰를, 할 수 있을까? 다행히 먼저 말을 안 꺼낼 뿐, 물어보는 말에는 꼬박꼬박 대답을 잘 해주었다. 다만 그가 얘기할 때 빼먹지 않고 꼭 하는 말이 있었다. 어떤 질문에든, 대답하기 전에 '간단하게 말하면', '결론적으로 말하면'이라는 말부터 했다. 그는 '용건만 간단히'를 선호하는 듯했다.

굴뚝 아래 천막 앞에서 그를 만났다. 해가 진 지 한참 지났지만 찜통 같은 더위는 여전했다. 인터뷰는 승합차 안에서, 에어콘 바람 앞에서 하기로 했다. 승합차에 들어가자 컵라면의 매콤한 냄새가 풍겼다. 저녁으로 컵라면을 드셨냐고 묻자 "뭐, 덥고…" 그렇게 대답을 대신했다. 평소에는 저녁을 어디에서 먹는지 이러저러한 천막 생활을 물으며 안부를 주고받는데 그의 저녁거리를 궁금해하는 누군가에게 전화가 한 통 걸려 왔다. 굴뚝 위 박준호가 건 전화였다. 조정기에게 저녁은 먹었는지, 뭘 먹었는지 묻는다. 덥고 귀찮아서 컵라면 끓여먹었다는 말에, 박준호는 왜 라면을 먹었느냐며 잔소리를 한다. 잔소리치고는 아주 점잖은 목소리에 예의 바른 말투였지만. 많이 덥냐고 물었나 보다. "덥지, 그래." 조정기가 짧게 답한다. 더워서 힘들겠다고 걱정하는 모양이다. "밑이라고 더 더울까 봐. 똑같지 뭐. 그래도 밑에서 밧줄 올리는 것보다 위에서 밧줄 당기는 게 더 힘들지." 그는 조금 길게 답했다.

기록적인 폭염을 걱정하며 서로 안위를 당부하고 둘은 전화를 끊었다. 전화 통화로도 서로 아끼는 게 전해진다고 했더니 그는 싱겁다는 듯 말했다.

"매일 두 세통씩은 하죠. 내용은 뻔해요. '밥 올라가요.' '뭐 올려줘.' 이런 거예요. 사람이 별로 없고 막내다 보니까 밥 챙겨 먹는지 걱정하는 거죠. 막내라고 예뻐하는 거라고요? 그게 아니죠. 제가 없으면 불편하니까 그카는 거지.(웃음)"

서른일곱 막내지만, 엄밀히 따지면 그가 박준호보다 훨씬 선배다. 조정기가 한국합섬과 인연을 맺은 건 고등학교 2학년이던 열여덟 살 때, 벌써 20년이 되었다. 실습을 나온 고등학생 중에는 정말 취직을 위해 실습을 하는 부류가 있는가 하면, '학교 가기 싫어서 놀러오는 애들'도 있다. 그는 후자라고 했다. 조 선생이라 불렸지만, 열여덟 살의 그는 친구들과 어울려 다니는 걸 좋아하는 '농띠'(날라리를 뜻하는 경상도 사투리)였다.

한국합섬은 실을 만드는 회사고 그는 실 만드는 일을 했지만, 그가 한국합섬 실습에서 배운 게 있다면 직원들 사이에도 '등급이 있다'는 거였다. '정직원 밑에 비정규직, 그 밑에 용역, 또 그 밑에 이주노동자, 가장 마지막에 실습생'이 있었다. 그때는 몰랐지만 나중에 돌이켜보니 '인간취급'도 못 받고 일했다. 함께 실습을 나간 친구들 대부분 며칠 못 버티고 그만뒀다. 학교 가기 싫어 실습 나온 '농띠'였지만 그는 성실하게 일했고, 한국합섬에 유일하게 남은 한 명이었다. 졸업 후에 정직원으로 입사했고, 군 입대도 휴직계를 내고 다녀왔다. 어쩐지 '조 선생답다'는 생각이 들었다.

조 선생은 지금 우울하다

대구가 고향인 그는 구미에 있는 한국합섬에서 일하며 기숙사 생활을 했다. 3교대라 쉬는 날이 별로 없었다. '퇴근하면 기숙사에서 밥 먹는 게 일상'이었다. 쉬는 날이라고 해서 별반 다르지 않았다. 기숙사에서 '방콕하는 게 전부'였다. 그는 자신의 20대는 아무것도 없다고 얘기했다. 20대의 반은 기숙사에서, 반은 길거리에서 보낸 탓이다.

기숙사 생활이 전부였던 그는 휴직계를 내고 군에 입대했고, 제대 후 2005년에 복직했다. 일한 지 일 년이나 되었을까, 갑자기 공장이 문을 닫는다고 했다. 공장이 파산한 건 그가 보기엔 경영권 싸움 때문이었고, 문어발식 경영 때문이었다. 나가란다고 그냥 나갈 수는 없었다. 그때부터 그의 20대의 절반을 보낸 길거리 생활이 시작됐다. 기계가 돌아가지 않는 빈 공장을 5년 동안 지키고, 구미와 서울을 오가며 상경투쟁을 벌였다. 공장을 재가동하기로 합의했지만 약속은 지켜지지 않고 애꿎은 공장 이름만 자꾸 바뀌었다. 한국합섬에서 일을 시작한 지 20년이 됐지만, 결과적으로 일한 기간은 몇 년 되지 않았다. 그는 고속도로를 오가며 길에서 20대를 보냈다. 그래도 싸움은 자꾸만 길어졌다.

비관적으로 생각하지는 않지만 길어지는 싸움에 회의가 잦아드는 건 어쩔 수가 없다. 같이할 수 있는 동지가 자꾸 줄어들고, 가족과도 관계가 틀어졌다. 워낙 보수적인 동네라 복직투쟁을 하고 농성을 벌이는 그를, 가족들은 좀처럼 이해하지 못한다. 싸움이 길어진 만큼 갈등도 깊어졌다. 가족들 얼굴 안 본지, 대화 안 하고 산 지 몇 년 되었다며 그는 말을 이었다.

"간단하게 말하면, 인생의 낙이 많이 줄고 있죠. 낙이라고 할 게 없네요. 허무한 상태예요. 신나게 싸울 수 있는데 의지가 없으니까…. 장기투쟁이 쉽지 않죠."

무엇보다 그가 싸울 의지를 내지 못하는 큰 이유는 이 싸움이 '끝날 수가 없는 싸움'이기 때문이다. '이상적으로' 합의를 하고 공장을 정상적으로 재가동하기로 하면 싸움이 일단락되기는 하겠지만, '그런다고 달라질 게 있나, 나한테 남는 게 뭔가' 하는 생각을 떨칠 수가 없다. 농성이 마무리되더라도 몇 년 지나면 또 권고사직될 테고, 그럼 다시 원점으로 돌아오는 것 아닌가 생각하는 건, 열여덟 살부터 '한국사회는 그렇게 돌아가고 있다'는 걸 경험해왔기 때문이다.

그가 실습생일 때부터 경험한 한국사회는 노동자는 정규직부터 실습생까지 어느 등급이든 인간 취급 못 받고 일하기는 매한가지라는 것, 투쟁에서 승리해도 노동자는 두 번이고 세 번이고 쫓겨날 수 있다는 것, 그리고 그런 식으로

만 일을 할 수밖에 없는 게 현실이라는 것. 그뿐이었다. 인생 절반을 길에서 보냈다고 이야기하는 그가 길어지는 싸움에 우울하면서도 떠나지 않는 이유가 궁금했다. 장난스레 이야기를 주고받다 어느 순간, 그의 목소리가 무거워졌다.

"고등학교 때 친구들은 지금 계속 일하면서 살고 있는데, 조정기 씨는 고속도로에서 살았다고 얘기하셨잖아요. 그런 생각하면 마음이 어떠세요?"

"결과적으로 돈 벌기 위해서는 일하는 게 맞죠. 그런데 제가 선택한 길을 가는 거예요."

"왜 남아서 싸우기로 하셨어요? 이유가 궁금해요."

"뭐, 지금도 모르겠어요. 딱히 제가 대단한 신념을 갖고 있는 것도 아니고 보기 싫어도 붙어 있는 거예요. 언제 떠날지 몰라요.(웃음)"

"잠수도 몇 번 타셨고, 떠나고 싶은 마음이 굴뚝같은가 봐요."

"떠날 마음은 항상 갖고 있죠. 역량이 달린다는 생각이

들거든요. 어느 순간 형들한테 폐가 되지 않을까. 말주변도 없고 자존감도 떨어진 상태라 사람 만나 얘기하는 게 쉽지 않아요. 잠수 탔다가 다시 나왔다가 반복하고 있죠."

"그런데 왜 안 떠나요? 뭐가 그렇게 정기 씨의 발목을 잡나요?"

"그러니까 말입니다. 자존심이죠. 싸움이 되든 안 되든 마지막까지 지켜보자, 이 생각이죠. 끝까지 보려면 풍파가 많겠지만. 안 되면 다시 잠수하면 되죠, 뭐.(웃음)"

투쟁하지 않았으면 몰랐을 것들

힘든 시간이고 그만 멈추고 싶다는 생각도 하지만, 투쟁을 시작하고 끝까지 남기로 한 선택을 후회하지는 않는다. 싸우지 않았다면 몰랐을 것들이 많다. 고등학교 때 자신이 인간 취급도 못 받았다는 것도, 착취당하고 사는 걸 당연하게 여기고 있다는 것도 투쟁하고 나서야 뒤늦게 깨달았다. 뭘 하고 살든 앞으로는 그렇게 살지 않을 것이고, 그렇게 생각하면 투쟁은 자기 삶을 만들어가는 과정이었다.

싸우지 않았으면, 몰랐을 인연들도 너무 많다. '싸움 끝나고 인사 다니면 몇 달 걸리겠다'고 할 정도로 도움을 받고 힘을 받은 곳이 많았다. '투쟁 품앗이'하면서 어디고 혼자 싸울 수 있는 곳은 없다는 걸 알았고, 그래서 투쟁은 동지를 만나는 과정이기도 했다.

조합원이 많았을 때는 그가 '잠수를 타도 티가 안 나서' 좋았다. 함께하는 동지가 줄어들면 힘 빠지는 게 사실이지만, 그러다가도 농성장을 찾은 이들에게 손을 내미는 누군가는 항상 있었다. 찾아오는 그 발과 내미는 그 손은 언제나 버티는 힘이 된다. 물론 조 선생은 겉으로 내색하지 않지만.

인터뷰를 마무리하며 사람들과 나누고 싶은 이야기가 있으면 들려달라고 하자, 그는 이럴 때 말주변이 좋아서 얘기를 해야 하는데 그걸 잘 못한다며 난처해했다. 그러고는 한참 고민하더니 '역시나 못하겠네요'라며 머쓱 웃었다. 그럼 사람들에게 바라는 거라도 얘기해달랬더니 조금도 고민하지 않고 주저 없이 바로 답했다.

"응원 안 해줘도 돼요. 욕만 안 하면 돼요."

오직 다섯 명뿐인 파인텍 천막 농성장. 조 선생은 하루하루 버티고 있다. 그가 잠수를 타도 티 나지 않게 농성장을 오가는 사람들이 많아지면 좋겠다. 그가 예전처럼 신나게 싸울 수 있도록 버티는 힘을 보태는 사람들이 많아지면 좋겠다. 20대에는 아무것도 없었다고 기억하는 그가, 자신의 40대는 다르게 기억했으면 좋겠다. 그가 이 긴 투쟁에서 승리하고, 자기 삶을 만들어내는 이 과정이 후회가 아니라 자랑으로 기억되기를 바라본다. 그의 투쟁이 우리가 삶을 만드는 과정마저 바꾸어놓을 테니 말이다.

ROUND 2

굴뚝통신

이곳은 한적한 시골에 있는 평범한 마을이란다. 하지만 내가 머물고 있는 방에 달린 두 개의 창문이 활기찬 삶을 가져다준 단다. 왼쪽 창문으로는 시내로 우편물을 수합해 가는 우체통이 보여. 지금 네게 쓰고 있는 이 편지도 곧 거기에 넣을 거야. 그리고 오른쪽 창문으로는 우리 집 우체통이 보이는데, 이틀 후면 거기서 네 답장을 받아볼 수 있지.

장 자끄 상뻬의 『거창한 꿈』(윤정임 옮김, 열린책들 2001)에 나오는 글입니다. 빈 종이는 채워지길 기다립니다. 연필은 쓰이길 기다립니다. 닿지 못한 마음은 전달되길 기다립니다. 표현되지 못한 말은 발설되길 기다립니다. 굴뚝우체부는 당신의 편지를 기다립니다.

몇 통의 편지가 이미 굴뚝의 위-아래를 이었습니다. 이제부터 이것을 '굴뚝통신'이라 부르겠습니다. 편지 쓰기가 머쓱하다고 주저할 것 없습니다. 글재주란 게 따로 있나요, 뭐. 또박또박, 하고 싶은 말을 담아 쓰면 '나다운 편지'가 완성됩니다. 일단 한 문장을 시작하고 나면 첫 문장이 다음 문장을 이끌어줄 테니까요. (드디어) (마침내) 하고 싶은 말을 찾으셨나요? 즉각적이고 충동적이어도 좋습니다. 지금 바로, 편지를 써볼까요?

보낼 곳
서울시 양천구 목5동 목동서로 20 서울에너지공사 후문 굴뚝농성장
goolddguk_letter@naver.com

굴뚝통신

보낸 이 / 굴뚝 위 홍기탁
굴뚝농성 260일차_2018-07-29

여리고 깨끗한 손으로, 걱정하는 마음으로,
청량한 모습으로, 안동에서 여기 목동 파인텍 동지들에게 편지가
도착했다.

아침과 함께 편지가 굴뚝으로 올라왔다.
보내준 편지 한 장 한 장을 꼼꼼히 보고
내 마음까지 깨끗해지는 것 같았다.

지금까지 살아오면서 자본주의에 찌든 내 모습을
돌아본다. 편지를 보내준 이 아이들이 살아가야 할
이 땅에 미래도 함께 생각해본다.

날씨가 무척이나 덥다.
여린 손으로 걱정하는 마음으로 보내준 편지 글을
사진으로 올려본다.
민주 노조 사수. 투쟁. 인간답게 살아보자.

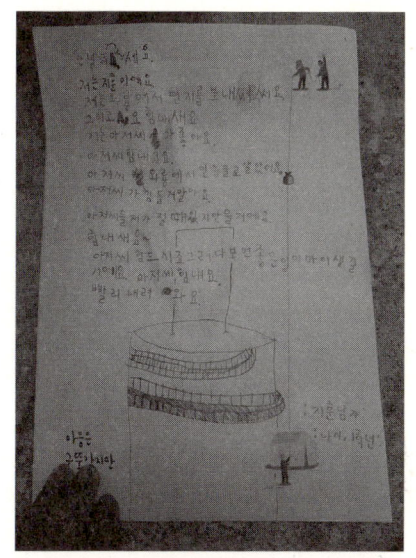

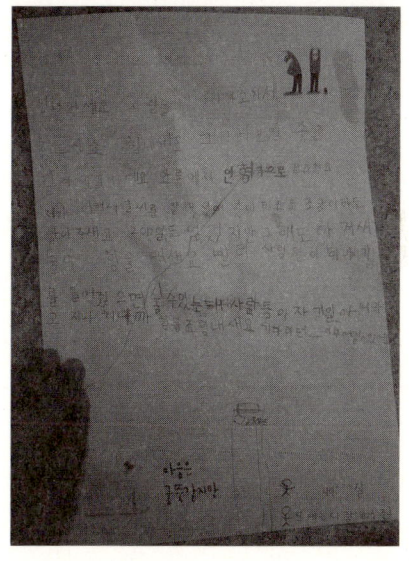

안동 골대교회 어린이들의 편지

┬ 굴뚝통신

보낸 이 / 굴뚝 위 박준호
굴뚝농성 270일차_2018-08-08

연일 이어지는 폭염 속에 시원한 소나기 한줄기
내렸으면 하는 바람이 간절했다.

소나기 한줄기, 햇볕을 가려주는 그늘막,
시원한 바람의 간절함보다
더 소중한 바람은 우리들의 투쟁을 응원하며
함께하는 연대의 마음들이 아닐런지…

멀리 바다 건너에서 보내온 메시지에서 그 바람을 보았고
정성 가득 담긴 따뜻한 밥과 음식에서 그 바람을 보았고
무엇이든 함께하려는 순수한 마음들 속에서 그 바람을 보았다.

말없이 손잡아주는, 길을 함께 나란히 걸어주는
이들의 바람이기도 하기에…

오스트레일리아에서 온 연대 사진

ᕗ 굴뚝통신

보낸 이 / 남해에 사는 신지영 씨
굴뚝농성 250일차_2018-07-19

사건의 모든 상황을 잘 알지도 못하면서
이런 편지를 보내냐고 누군가 핀잔한다면,

가만히 있어도 사람이 죽어나가는 폭력적인 날씨에
억울한 일을 해결하고 알리려고 하는 사람들을
지지하지 않을 도리가 없다고 말하겠습니다.

편치않겠지만, 편히 내려오시길 바랍니다. 힘내세요.

지금 이 영상의 풍경을 다시 보고 싶으시다면
남해에 놀러오세요. 진심으로 환영하겠습니다.

ᄀ 굴뚝통신

보낸 이 / 기찻길 옆 작은학교 학생들과 선생님
굴뚝농성 268일차_2018-08-06

문제에 대해서 당당히 맞서 싸우시는 아저씨들이 멋지고, 저도 함께하고 싶어요.

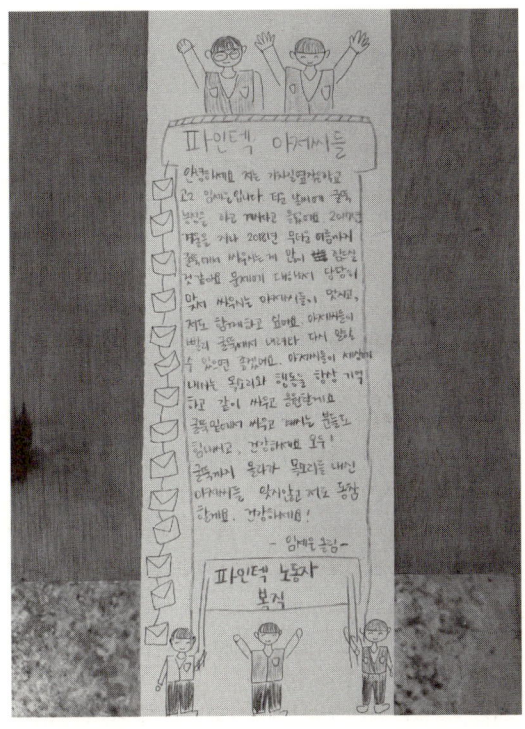

┯ 굴뚝통신

보낸 이 / 성가소비녀회 수녀님들
굴뚝농성 268일차_2018-08-06

뜨거운 태양 아래!
동지들의 힘찬 목소리가 세상을 흔들어 깨우는
밑거름이 될 것입니다. 언제나 응원합니다!

굴뚝이네 우체국

부디, 얼음물 한 잔
조형희 (땅콩문고)

　어디서 누굴 만나든 '더워 죽겠다'는 말을 인사 삼아 건넨다. 정말이지, 올여름 더위는 어마어마하다. 그러나 사실, 나는 하루 종일 에어컨이 나오는 서점에서 일한다. 목이 마를 땐 언제고 차가운 물에 얼음까지 띄워 마실 수도 있다.
　이런 날씨에도, 아니 이런 날씨 훨씬 이전부터 굴뚝에 올라가 고공농성 중인 파인텍 해고노동자 홍기탁, 박준호, 두 분의 이야기를 뒤늦게 들었다. 그마저도 맨날 보는 뉴스에서가 아니라, '마음은 굴뚝같지만' 프로젝트 팀의 연락을 통해서다. 연락을 받자마자 수년 전, 한진중공업 크레인에 올랐던 김진숙 씨의 소식을 처음 들었을 때가 생각났다. 그때도 나는 그가 그 높은 크레인에 오른 이유보다, 크레인 위에서 어떻게 먹고, 씻고, 쉬고, 자는지를 훨씬 더 걱정했다. 크레인의 높이 때문이 아니라, 그가 높이 올라가면서 하지 못하게 된 일들을 생각하다가 그만 어찔해졌다. 하루 빨리 그를 내려오게 하지 않으면 큰일 나겠다는 조바심이 생겨서, 작게나마 내 자리에서 할 수 있는 일들을 찾아다녔다.

시간이 흘러 다시 파인텍 해고노동자 두 분의 굴뚝농성 소식을 들으니, 그때나 지금이나 세상이 하나도 변하지 않았구나 싶어 화가 났다. 그와 동시에, 굴뚝 위에서 두 사람이 외치는데도 그 소리를 듣지도, 그곳을 쳐다볼 생각도 못한 나 자신이 부끄러웠다. 힘겹게 싸우는 사람들을 외롭게 하지 말아야지 다짐했던 세월이 무색하게, 나는 김진숙 씨를 응원하기 전의 나로 돌아가 있었다.

'마음은 굴뚝같지만' 프로젝트 팀의 제안으로, 굴뚝에 오른 두 분을 손편지로 응원하는 '굴뚝우체통'이 내가 일하는 서점에도 들어섰다. 솔직히 이제껏 관심조차 없다가, 새삼스럽게 이런 방식으로 동참할 자격이 나에게 있나 싶어 조금 망설이기도 했다. 하지만 자격 같은 걸 따질 시간조차 아깝다. 홍기탁, 박준호, 두 분은 이 더위에도 시원한 바람 한 점 없는 굴뚝 위에서 지내느라 얼음물조차 마실 수 없을 만큼 쇠약해진 상태라고 한다. 문제는 바람이나 얼음물이 아닌데, 이번에도 나는 그들이 그렇게 높은 곳에, 그렇게나

오래 올라가 있는 이유보다도, 그들이 마시지 못하는 물 한 잔에 먼저 마음이 가는구나 싶어 한숨이 나왔다.

어쨌거나 부디 그들이 기운을 내서 얼음물 한 잔 별 탈 없이 들이켤 수 있을 때까지 많은 사람들이 저마다의 방식으로 힘을 모아주었으면 좋겠다. 더위가 더 무시무시해지기 전에, 그러다 계절이 또 바뀌어 추위가 무릎을 꺾기 전에 하루 빨리 두 분이 굴뚝 아래로 내려올 수 있도록, 우리가 각자 할 수 있는 일들을 열심히 찾아보면 좋겠다. 굴뚝에 편지를 보내고, 후원금을 보내고, 열심히 입소문을 내서 굴뚝 주변을 더 시끄럽게 만들면 좋겠다. 파주 땅콩문고에 설치된 '굴뚝우체통'에 편지가 다 차기도 전에, 그들이 굴뚝 아래로 내려올 수 있으면 좋겠다.

굴뚝이네 우체국

타인의 발신이 끊어지지 않도록
조진석 (책방 이음)

'책방 이음'은 비영리 민간단체인 '나와 우리'가 운영하는 비영리 공익서점이다. 책방에서 나오는 수입은 출판사나 도서관 그리고 시민단체를 후원하는 목적으로 쓰인다. 일상적으로는 사회 이슈에 대해 세미나를 하거나 강연을 열고 토론하거나, 자그마한 액션을 취할 수 있는 일을 만들어내고 있다. 책방이면서도 사회적 공간임을 명확히 한다. 그래서 이곳을 어떤 책으로 구성할지, 이곳에서 어떤 만남을 열지, 지금 우리 사회가 어떻게 변화하고 있는지를 알기 위해 여기서 무엇을 해야 할지 고민한다. 시작은 예술을 좋아하던 개인이 2005년에 만든 문화예술 책방(이음책방)이었다. 그러다 2009년 12월 '나와 우리'가 운영 주체가 되는 '책방 이음'으로 거듭났다.

굴뚝우체통을 책방에 놓기로 한 이유는…

한국사회의 여러 가지 문제들 가운데, 중요함에도 불구하고 드러나지 않는 문제, 어찌 보면 여성차별보다도 더 드러나지 않는 문제가 바로 노동문제라고 생각한다. 노동자가 놓인 환경이 잘 개선되지 않고, 노동자 스스로 목소리를 내고 싶어도 뉴스에서 관심 갖지 않을 뿐 아니라, 뉴스에 다뤄지는 방식이 대개 단편적이거나 편향적이다. 그만큼 노동자들이 놓인 환경에서 무엇이 문제이고 어떻게 풀어가야 하는지, 또 그들이 사람들에게 하고픈 말은 무엇인지를 전달할 수 있는 통로가 너무 제한되어 있다.

그것은 대부분의 언론이 기업 광고에 의존해 운영되고 있고, 기업주들 입장에선 그런 불편한 내용이 나오지 않길 바라기 때문이기도 할 거다. 뉴스에서 다루려는 내용과 뉴스 광고주가 원하는 내용이 다를 때 당연히 미디어는 광고주 편에 서거나 눈치를 보게 된다.

'마음은 굴뚝같지만' 프로젝트에서 알리고자 한 내용 가운데 언론에 나오는 건 며칠 동안 굴뚝에 올라가 있었는지, 어떤 응급상황이 발생했는지 같은 상황적인 면이 대부분이었을 것이다. 왜 거기에 올라갔으며 이 상황을 어떻게 전하고 싶은지, 그 핵심은 무엇이고 어떤 전개를 요하는지에 대해 시민들이 제대로 전달받을 수 있는 경로가 너무 없지 않나 하는 생각이 들었다. 노동문제는 마치 없는 것처럼, 혹은 일부 과격하고 심각한 것이 전부인 것처럼 비치지 않을까 싶었다.

그런 식으로 미디어에 노출되다 보면, 노동운동이나 노동자 문제는 '나의 문제'가 아니라 '그들의 문제', 늘 있어왔던 그렇고 그런 문제로만 생각하게 될 것 같아 책방에서도 함께 고민할 수 있는 무언가가 있으면 좋겠다고 여겼다. 딱히 떠오르는 게 없던 중에 제안을 받아 오히려 반가웠다.

파인텍 굴뚝농성에 관한 책방지기의 생각은…

쪽지 같은 것이 자주 배달되어 오면 좋겠다는 생각도 했다. 뉴스를 통해 이 문제를 알고는 있었지만, 실제로 어떠한지, 구체적인 부분은 일부러 관심 갖지 않는 이상 알기가 어렵다. 가령 한국합섬 시절부터 진행되어온 과정을 이 문제의 배경이라고 한다면, 이제는 지금의 하루하루가 궁금한 거다. 그분들이 주장하는 바도 무척 중요하지만, 그분들의 생명이 달린 문제라고 생각하기 때문에 생명과 직결된 소식을 자주 알지 못하는 데 대한 안타까움이 크다. 지상이 이렇게 뜨거운데, 굴뚝 위 그 좁은 공간에서 매일을 보내는 것 자체가 너무 힘든 상황일 것 같고, 외부와 연락하는 선도 굉장히 가늘 것이고… 첫 번째로 건강이 가장 걱정된다.

두 번째로는, 이 메시지가 계속 발신되지 않으면 언젠가 끊어진다는 거다. 사람들이 계속 이 문제에 관심을 가질 수는 없을 테니까. 지금 한국은 이슈가 너무 많은 사회이고, 또 이슈들에 대해 계속 한 흐름으로 간다. 이슈가 너무 많은 상황이라 파인텍 문제가 묻히기 쉬운 만큼, 굴뚝의 상황이 우리에게 구체적으로 발신돼서 이 농성에 관심 있는 이들이 관심의 끈을 놓지 않도록 되길 바란다.

우체통을 설치하고 나니 고민이 든다. 설치는 했는데 운영 자체가 쉽지 않을 것 같다. 책방에 우체통이 생긴 뒤로는 마치 예전부터 우체통이 여기 있던 것처럼 익숙해 보이는 거다. 늘 있던 무언가처럼. 이걸 보는 사람들이 '저건 뭘까' 궁금해하지 않는다면 무엇을 어떻게 해야 하는지에 대해서도 잘 모르겠다. 아직은 편지가 막 활발하게 모이는 상황은 아니다. 지금부터의 매뉴얼이 중요할 것 같다.

굴뚝 위에 있는 분들의 건강 문제와 더불어, 사회 속에서 이 굴뚝이 잊히고 있는 속도로 보아 지금 상황이 꽤 심각한 느낌인데, 지상에서 우체통이 설치된 곳에 있는 나로서는 한편으로 안타깝고 또 한편으로 안절부절 못하게 된다. 내가 오로지 여기에 집중하기도 어려운 처지이다 보니 미안함이 교차하는 상황이다.

자기 자신이 노동자로서 어려움을 겪는 때는 이미 수많은 사람들이 그 어려움을 겪고 난 뒤일 것이다. 스스로 노동 문제에 관심을 갖고 살아가지 않는다면, 다른 이슈나 타인의 일에 무관심해왔다면, 다른 이들도 본인의 문제에 무관심하게 된다. 평소부터, 지금부터, 굴뚝같은 마음만이 아닌 적극적인 행동으로 함께하면 좋겠다.

정리: 정소은

라운드테이블

모두 하고 있습니까, 노동勞動?

"벅찬 희망과 바닥 모를 절망감이 잔인하게 맴놀이하는 공간", 이곳은 농성장이다. 사안이 절박한 만큼 어떻게든 끝을 보리라는 열망이 응축돼 있지만, 한편으로 일상의 얼굴을 한 주변 공간에서 떨어져 나온 고독한 섬이기도 하다. '불법점거'에 대한 추징금, 언제 짐 싸서 옮겨가야 할지 모르는 불안을 감수하며 "듣고 보아줄" 귀와 눈을 찾아 현수막을 내걸고, 오가는 이들에게 말을 건넨다. 그 말과 몸짓, 이 장소가 "세상의 질서나 편리를 심각하게 위협하지는 못" 할지라도. (최윤필 『겹겹의 공간들』, 을유문화사 2014)

서울 목동 시가지. 아파트와 상가건물과 건너편 개천

을 따라 이어진 둑방길이 출퇴근하는 사람, 개와 함께 산책하는 사람 들이 살아가는 공간이라면, 그 한가운데 75미터 높이로 치솟은 굴뚝은 어디서든 눈에 띄지만 지상의 삶에서 가장 멀고 그래서 가장 안 보이는 공간이기도 하다. 그 위에 겨울-봄-여름의 일상이 있고, 어느 두 사람이 굴뚝 아래를 내려다보며 지상의 소식을 듣고 있으리라고는, 뭐라도 들은 얘기가 없다면 짐작하기 어렵다.

2018년 6월 29일. 홍기탁·박준호 굴뚝농성 230일째. 굴뚝 아래 농성장에서 작은 대화 자리가 열렸다. 목동 인근에 살지만 '자주 못 와서' 혹은 '잘 몰라' 미안한 마음, 굴뚝에 편지를 보냈는데 '다른 사람도 편지를 써 내 편지도 같이 올라갔으면 좋겠다'는 마음, '강정'에서 혹은 또 다른 인연으로 파인텍 해고노동자를 알게 돼 다시 만나고 싶었던 마음, 노동조합 활동을 하며 정치단체 활동을 하며 동물보호 활동을 하며 '연대'를 고민하는 마음, 정리해고에 맞서 싸우는 입장으로 '여기 와봐야 답답하기만' 하지만, 쌍용차 해고노동자의 서른 번째 죽음을 애도하며 '같이 차를 타고 오면서 어쩌다 보니' 발이 닿은 마음 들로부터, 저마다 타인의 공간에 침범하는 쭈뼛함과 쑥스러움을 누르고 왜 이곳이 궁금했는지, 스스로 하는 일/노동에 비추어 세상의 무엇이 잘못 돌아가고 있다고 느끼는지 이야기를 꺼내기 시작했다. 누군가는 노동할 수 없음에 대해, 누군가는 노동이 폄하되는 현실에 대해, 누군가는 지금의 노동과 투쟁을 끝내고 다른 일을 할 계획에 대해, 누군가는 노동/노동자라는 말이 자기 것이 아니라고 여겼던 데 대해.

불편한 '노동' 혹은 '노동자'

김다은 노동이라는 말 자체를 불편해하는 분도 있을 수 있어요. 이 말을 어떤 온도로 받아들이느냐는 사람마다 다를 테니까요. 그래서 이런 언어를 우리가 같이 사용할 수 있는 언어로 만드는 게 중요하겠다는 생각이 듭니다. 이렇게 묻고 답하는 과정에서 서로의 다른 온도가 섞일 수 있지 않을까 합니다.

\# 글쎄, 노동이라는 단어가 굉장히 어려운 것 같아요. 그런데 노동은 일이잖아요. 내 몸을 도구 삼아, 내 육체를 움직여 일하고 대가를 받는 게 노동이에요. 반대로 자본이 만들어놓은 틀 안에서 시키면 시키는 대로 하는 게 근로거든요. 그래서 '당신이 이것저것 다 시킨다고 내가 할 수 있는 그런 근로자가 아니다'라는 걸 정확히 알면 좋겠어요.

\# '추울 때 추운 데서 일하고 더울 때 더운 데서 일하

고, (공부 안 하면) 쟤처럼 된다.' 어릴 때 그렇게 배웠고 요즘도 그러잖아요. 제가 생각하는 노동은 이거예요. 나의 노력과 시간을 제공하고 그것에 대해 정당한 대가를 받아서 그걸로 내가 먹고사는 것. 근데 나만 먹고사는 게 아니라 함께, 같이 먹고사는 거죠. 옛날, 없이 살았던 시대에 주위를 둘러보던 공동체문화가 다시 생겨났으면 좋겠습니다.

요즘엔 이런 생각도 들더라고요. '왜 돈을 버는 것만 노동일까? 돈을 받지 않고 하는 것은 노동이 아닌가? 어머니의 가사노동은 노동이 아닌가?' 아직은 잘 모르겠지만, 돈을 받는 것만이 노동은 아니지 않을까 하는 생각이 들었습니다. 또 한편으로 흔히 말하는 자본가 외에 노동을 하면서 건물을 갖고 있는 경우도 있어서, 자본과 노동을 이분법적으로 나눌 수 있을까 하는 생각도 해봅니다.

장애인은 '재활 프로그램'이라는 명목으로, 노동을 하면서도 10만원 안 되는 월급을 받기도 하고 무급으로 일하기도 하고 다치기도 하는 등 어이없는 일을 많이 겪어요. 오히려 그런 프로그램을 돈 내고 해야 하는 경우도 많고요. 그렇다면 '장애인의 노동은 노동이 아닌 것인가' 생각했어요. 또 흔히 생각하는 노동, 즉 생산직 안에도 정규직과 비

정규직이 있잖아요. 울산의 어느 자동차를 만드는 공장에 생산라인이 쭉 있는데, 한쪽은 정규직, 다른 한쪽은 비정규직이고 정규직은 비정규직에 비해 돈을 세 배 받는다고 했어요. 그런데 둘이 하는 일은 똑같은 거예요. '과연 노동이 뭘까'라는 생각을 하게 됐어요.

저는 노동은 인간이면 하고 있는 거라 생각해요. 한시적일 수도 있고 장기적일 수도 있고, 정신적일 수도 있고 육체적일 수도 있지만, 모든 인간은 노동과 긴밀하게 연결돼 있고 그 노동에 차등이 있지는 않아요. 그런데 사회에서는 차등을 두기 때문에 사회적 갈등이 일어나고, 이렇게 투

쟁도 일어나고 있는 거고요. 사람들이 정말로 사람의 존엄성을 먼저 좀 생각해봤으면 해요. 그러면 이런 갈등도 덜하지 않을까 싶어요.

자기 전공을 살려서 일하는 사람이 드문데, 저는 중국어를 전공해 학교에서 중국어를 가르치고 있어요. 또 동물보호 활동을 하고 있는데 세상에서 가장 행복하다고 느끼는 순간이 바로 그 노동을 할 때거든요. 참 운이 좋은 경우라고 생각해요. 그렇기 때문에 일하고 싶지만 일할 수 없는 많은 사람이 어서 본인이 원하는 노동을 할 수 있다면, 그리고 이렇게 투쟁하는 분들이 반드시 복직해서 본인이 원하는 일을 할 수 있다면 좋겠다고 기도하게 되더라고요. 그런데 노동은 저에게 기쁨을 주지만 노동자로서의 저는 아쉬움이 많아요. 저는 계약직 노동자인데, 중간 단체에서 저 대신에 계약을 하기 때문에 언제나 학교와 단체 사이에서 저는 무시되고 제 입장은 하나도 고려되지 않거든요.

저는 자영업자로 분류되고, 임금노동자가 아니라 내가 내 생계를 알아서 유지해야 하는 상황이기 때문에 스스로 노동자라고 생각하지 못했어요.

현장에서 출판노동자는 노동자가 아니길 강요받는 경우가 있습니다. 이를테면 '지식인이다, 예술인이다' 하면서 노동자라는 이름 자체를 지우곤 합니다. 우리 사회 전반에서 노동자라는 말 자체가 특정하게 소비되는 면이 있는데, 노동자를 노동자라 얘기하지 못함으로써 이론과 실제가 벌어지기도 하고요.

　# 대학원생으로서 일을 하고 있어요. 토요일까지 출근하기도 하고 월급을 받고 일하긴 하는데, 출판계 못지않게 노동자라는 생각을 거의 못 했습니다. '공부를 시켜주는데 월급도 준다'는 거죠.

　# 저도 출판노동자인데요, 그 전에도 여러 형태의 노동을 했어요. 계약직도 있었고 1인 노동자이기도 했고 아르바이트 형태의 노동도 했고요. 그러다 보니까 출판계에 입문하기 전 '취업하자마자 출판노조에 조합원으로 가입하겠다'는 게 하나의 목표였어요. 스스로 몸담고 싶은 장에서 즐겁게 일하고 싶었던 거예요. 체제를 바꿀 순 없어도 작은 모순들을 바꾸도록 문제제기를 하는 곳이 노동조합이라고 생각했어요. 지금 저는 좋아하는 책을 만드는 일이 보람 있고 재밌어요. 그런데 노조에 가면 그 의미가 배치되는 거예요. 이

노동현장에서, 출판계에서 굉장히 부당한 대우를 받는 분들이 많다는 사실을 노조를 통해 접하는데, 제가 일에서 찾는 보람을 유지하려면 그런 것에 눈감아야 할 것 같은 이상한 느낌이 들더라고요. 노동의 복잡성, 그 다양한 의미들을 짚고 넘어가지 않으면 안 되겠다는 생각을 해요.

우리 사회는 노동을 어떻게 대우하고 있을까

김다은 지금까지 살아오면서 노동이 어떤 의미인지는 깊게 생각하지 않았어요. 다만 근래에는 '노동자가 어떻게 대우받고 있는가, 우리 사회가 노동자를 어떻게 대우해도 된다고 생각하고 있는가'라는 그 선線, 기준을 돌아보게 돼요. 이를테면 쌍용차 해고노동자로 서른 번째 목숨을 잃은 분이 있었는데, 분명 회사가 해고자 복직에 최선의 노력을 다하겠다고 했고 그래야 했음에도 시간만 끌어왔죠. 어떻게 이렇게 될 수 있는지, 제가 아는 상식에서 이해가 가지 않는 거예요. 그냥 그렇게 눙치듯 넘어가도 된다고 생각하는 것, 그래도 된다고 하는 기준들을 누가 만들었을까. 지금처럼 굴뚝 위에 사람이 230일 가 있는데도 정부라든지 어떤 책임을 져야 하는 사람들이 아무것도 하지 않고 있다는 게 무엇을 말해주는 걸까, 그리고 저 역시 거기에 연관돼 있는 사람은 아닐까라는 생각을 동시에 하게 돼요.

노동이 신성하다는 말을 많이 하는데, 사실 신성하지 않거든요. 누군가한테 돈을 받고 하는 일도, 내 일신을 위해 하는 노동이나 집안일도 너무 수고스럽잖아요. 일 안하고 살면 좋은데, 그럴 수 없기 때문에 사람들이 신성하다는 말로 의미 부여를 하는 게 아닌가 싶었어요. 그럼에도 우리가 어쨌든 먹고살아야 되니까, 노동이 좀 즐거웠으면 좋겠다는 생각을 해요. 그게 불가능할 것 같진 않거든요. 결국은 즐겁게 살고, 즐겁게 일하고 싶다는 그 마음들이 있기 때문에 투쟁을 하는 것이고, 투쟁하는 사람에게 연대하는 사람도 있는 거라 생각해요.

그런데 우리 사회는 당연히 해야 하는 노동, 그래서 잘 드러나지 않는 노동에 대해 하찮게 여기고 있잖아요. 이를테면 건물에서 청소하는 분들은 '청소아줌마'라고 부르면서, 가장 일하지 않는 건물 사장님에게는 깍듯이 대한다든지요. 그런 위계를 자본가들이 만들기도 했겠지만, 우리에게도 그런 것이 내재되어 있다는 생각을 해요. 각자의 삶에서 '내 속에 있는 편견'을 깨는 계기를 만날 수 있으면 좋은데, 그런 계기들을 투쟁하는 노동자들이 만들어주는 것 아닌가 해요. 우리 좀 즐겁게 일하고, 재밌게 살 날이 오겠죠?

\# 노동을 폄하하는 이유를 저는 이렇게 생각해요. 정권을 유지하기 위해 사회적으로 가장 억압하기 쉬운 존재가 어디 있는지를 보면 될 것 같아요. 가장 약한 고리, 분열이 잘 되는 고리, 먹고살기 위해 옆을 돌아보지 않는 단위를 정권이 정확히 아는 것 같아요. 몇 년 전만 해도 '공돌이', '공순이'라며 폄하했죠. 지금은 노동자들이 노동자라고 얘기하고 있지만 아직도 노동절을 '근로자의 날'이라 하고요. 그리고 참 이상하게도 사람은 이렇게 선을 그어놓으면 잘 못 넘어가요. 다른 동물은 넘어가지만요. 누군가가 나서지 않으면, 꼭 민주노총이 아니더라도, 변화할 수 없고 투쟁할 수 없고 옆에서 보고 배울 것도 없는 거죠. 아는 만큼 투쟁해야 된다고 생각해요. 근데 누군가가 투쟁하지 않으면 어떻게 알겠어요.

차광호 지금 자본주의 체제가 아닙니까. 자본가, 돈 많은 사람들이 최고의 대우를 받고 최고의 권력을 갖고 있습니다. 그들이 가장 두려워하는 건 노동자입니다. 왜냐하면 첫째는 먹고사는 데 필요한 모든 것을 생산하는 주체가 노동자이고, 이 생산 없이는 사회가 유지될 수 없기 때문입니다. 둘째는 노동자들이 단결하는 순간, 자본가는 이 사회에서 전처럼 살 수 없기 때문입니다. 이 체제는 그걸 너무 잘 알고

있기 때문에, 유치원 때부터 아니, 태어나면서부터 20년 이상 그들의 논리를 학습시키고 우리는 그대로 배워 가져오는 겁니다. 사회의 문화도 그렇고, 학교 교육도 그렇고요. 그래서 내가 노동자임에도 자본가의 의식을 머릿속에 갖게 됩니다. 그렇게 해서 한 사람 한 사람이 개별화됩니다.

자본은 어떻게 하면 노동자들을 하나로 못 뭉치게 할지를 항상 고민하고 우리의 문화·매스컴 속에 노동에 대한 폄하를 넣어놓습니다. 지금의 자본주의를 유지하기 위해 노동 폄하를 기본적으로 해내지 않으면 안 되니까요. 하지만 우리가 그것을 아는 순간 달라질 수 있다고 봅니다. 정치든, 문화든. 정치가 좀 빨리 가죠, 문화는 뒤에 따라오고요.

지금 각자의 위치에서 보고 있는 면이 다 다르잖아요. 우리가 길에 앉아 있는데 지금 지나간 저분 같은 경우엔 우리가 길을 막고 있다고 얘기하고요. 이게 되게 불편한 거예요. 근데, 사람들은 불편해야만 관심을 가져요. 내가 불편하지 않으면 그냥 남의 일이 돼버려요. 지금 현재로선 그렇게 교육들을 시키고 있어요. '나만 아니면 끝, 각자 살아남아야 돼, 그래서 너는 배우고 노력해서 돈을 많이 벌어.'

　# 공장에서 15년차로 일하고 있는 노동자인데요. 주야간 12시간 이상씩 근무를 10년 이상 하다가 이제는 주간에만 하고 있어요. 노동조합 활동도 15년차인데, 노동조합 활동을 하면서 일하는 조건을 많이 바꿔내고 있어요. 노동조합이 없으면 바뀔 수 없는 조건이 많이 있거든요. 지금 몇몇 분들과 굴뚝 위에 올라가 있는 동지들이 노동조합 활동으로 여기 모여 있는 거거든요. 스스로 노동자가 아니라고 생각하는 분도 많은데, 일을 하며 먹고살아 가는 사람은 전부 노동자죠. 그래서 여기 있는 분들이 앞으로 계속 투쟁하는 노동자들에게 관심을 가져주셨으면 합니다.

　# 저는 근속 26년차고, 한 달에 특근 7~8번 정도 기본으로 하면서 잡업을 150시간 하고 흔히 얘기하는 '억소리' 나는 연봉도 받아봤어요. 많은 사람이 저를 '귀족'이라고 표

현해요. 그런데 사무직 관리자들이 노는 날 다 놀고, 쉬는 날 다 쉬면서 억소리 나게 받는 걸 '한 삽 크게 푼 것'이라고 한다면, 저는 티스푼으로 열심히 떠서 한 삽을 채운 셈이거든요. 그러다 어느 순간 '돈이 중요하진 않다, 나도 인간답게 살고 싶다' 하면서 노동조합 대의원을 자청했어요. 제가 부업을 하면서도 느끼는 건, 갇혀 있는 노동자는 생각이 그 안에 갇혀 있다는 거예요. '내 위치'를 모르는 거예요. 내가 이른바 근로자인지 노동자인지, 아니면 사업가인지, 이런 위치를 아예 외면하고 살고 있다는 거예요. 보통 스스로 보기에 불합리한 것이면, 그건 그 순간 불합리한 것이니까 '저건 안 돼'라는 표시를 꼭 해주셨으면 좋겠어요. 강하지 않아도, 그런 삶을 살았으면 합니다.

\# 지금 정부는 촛불정권을 자임하면서 노동 존중, 노동적폐 청산을 1년만 기다려달라고 했습니다. 1년 기다렸으나, 최저임금, 그리고 노동시간 관련해 근로기준법이 개악됐습니다. 이럴 때 양대 노총 등 노동계가 뭔가를 결의한다기보다는 방법을 제공하고 함께 나가는 길을 만들려고 고민했으면 합니다. 사실 그렇잖아요. 파인텍 투쟁처럼, 알게 되면 아는 거고 모르면 모른 채 또 일상을 살아가는 건데, 민주노총 조합원이 80만이긴 하지만 마찬가지예요. 조합원 80만이 나와 똑같은 생각을 하는 것도 아니고 관심 있는 조

합원은 알지만 일상에 지쳐 사는 조합원들은 똑같이 모르고요.

콜트콜텍 해고노동자들은 광화문 세종로 공원에서 농성을 진행하고 있어요. 저희도 12년 투쟁하면서 정말 안 해본 게 없어요. 기타를 만들던 회사이다 보니 문화예술인들이 많이 연대했어요. 우리 투쟁을 어떻게 알릴지 그분들이 고민해서, 우리가 주인공이 되어 연극도 하고 영화도 찍고 상도 받았어요. 저희는 지금 7년차 밴드를 하고 있어요. 투쟁사업장에 연대해서 공연도 하고요. 여러분도 연대하는 마음으로 같이했으면 좋겠습니다.

차광호 굴뚝 위에 있는 두 분의 건강을 말씀드리자면, 좁은 공간이고 활동량이 부족해서 목과 허리 쪽에 디스크 초기 증상이 나타나고 있습니다. 소화가 잘 안 되고 근육이 좀 빠지고 있는 상황입니다. 얼굴 볼살이 많이 빠졌습니다. 두 분이 굴뚝 위에 올라가기 전에, 저는 찬성할 수 없었습니다.

저는 2014년 5월 27일 새벽에 올라갔는데요, 우리 동지들 열 명이 밑에 와서 물건을 다 같이 들어 올렸습니다. 올라가면 책 실컷 읽을 수 있겠다고 생각했습니다. 근데 올라가서 보니 심리적인 변화가 있어서 책만 읽을 순 없더라고요. 거기서도 건강하게 있으려면 하루 시간표를 따라 아침·점심·저녁 먹기 전 한 시간씩 운동을 하고, 남은 시간에야 책을 보거나 여름엔 낮잠도 자고 했습니다. 그래서 제가 하고 싶었던 일을 많이 하진 못했습니다. 위에서 생활하는 여건이 안 좋아서 힘든 것도 있는데, 심리적인 게 제일 큽니다. 마음을 알아주고 '같이 할 수 있다' 하는 동지애랄까 하는 게 정말 큰 힘이 됐습니다.

며칠 전 식당에서 밥을 먹는데, TV에서 '장래희망이 건물주가 되는 것'이라는 이야기가 들리는 거예요. 그게 편한 삶인 것 같다고 하는데 진행자들이 끄덕이고요. 물론 저도 게으를 땐 무지하게 게으르기 때문에 일하지 않고 걱정 없이 살 수 있으면 좋겠지만, 그걸 자랑거리처럼 얘기하는 건 이상하다는 생각이 들었어요. 제가 아는 연출가 한 분이 배우들과 '제3세계'의 어느 나라에 인터뷰를 하러 갔는데, 농장에서 수확하고 있는 십대로 보이는 이에게 장래희망이 뭐냐고 물어봤대요. '지금처럼 일하면서 이렇게 밥 먹고 살고 싶다'는 대답에 울컥했다는 얘길 들었는데, 어떤 맥락에서 그런 감동을 받았는지 공감이 됐어요.

김다은 처음에 저는 이런 투쟁현장에 계시는 분들이 자기 삶에서 아주 중요한 어떤 시간을 정지상태로 둔 채 시간을 버리고 있는 싸움을 하는 거라 여겼어요. 그런데 요즘은 이 시간이 정지되어 있는 삶이 아닐 수 있겠다는 생각이 들어요.

이 시간이 생물처럼, 우리 사회에 메시지로 계속 살아 있고, 그것을 알게 된 이상 우리도 함께 힘을 보태야 하는 것 아닐까 생각해봅니다.

/

파인텍 사태에 관해서라면 "쪼매는" 알고 있다며 웃는 차광호, 230일 마이크를 잡다 보니 내성적인 성격이 "개조"됐다는 김옥배, 할 수 있는 만큼 할 뿐 "제가 어느 순간 없을 수도 있습니다"라면서도 묵묵히 자리를 지키는 조정기. 세 사람 역시 낯선 이들에게서 흘러나오는, 어쩌면 자신에겐 더 설명이 필요 없다 여겼을지 모를 '노동'과 '노동자'라는 화두에 귀를 기울였다.

408일 굴뚝농성을 마치고 내려오며 차광호는 '408일이 누군가에게 기준이 될까 두렵다'고 했다. "하늘에 올라가면 안 된다. 올라갈 수밖에 없어도 올라가지 않았으면 좋겠다. 최장기 기록을 깨며 성과를 내는 건 성과가 아니다. 그렇게 만드는 희망은 희망도 아니다. 이제 알겠다. 408일 기록이 하늘을 견뎌야 하는 누군가에게 어떤 기준이 될까 봐 무섭고 두렵다."(『한겨레21』 2015.7.23) 짐을 혼자 지는 것보다 다른 사람과 나눠 지는 것, 힘들 것이 분명한 일을 같이 하자고 제안하는 것이 더 용기가 필요한 일일지 모른다. 그 두려움을 안고 가기로 결심한 이들의 마음이 농성장에 있다. 굴뚝은 높은 곳이지만 그 위와 아래는 사회 일반의 위계 없이 우정으로 연결되어 있다. 이곳을 지탱하는 힘은 어느 한 장소가 바뀌어야 다른 한 장소도, 세상도 바뀔 수 있다는 믿음이다. '한계를 설정하지 않고 최선의 꿈을 꿀 수 있도록'(「우리 안의 폴리스라인」), 농성장의 밤은 불을 밝힌다.

정리: 김유경

굴 굴 구울 뚝, 굴 굴 구울 뚝
굴뚝청소부는 행운을 가져다주지요. 정말이라오.

굴 굴 구울 뚝, 굴 굴 구울 뚝
나와 악수를 하면 행운이 전달될 거요.
아님, 키스해주겠소?
그것도 행운을 가져다준다오.

직업의 귀천을 따지자면
굴뚝청소가 가장 허드렛일이라 생각할지도 모르겠소.
허나 비록 재와 연기 속에서 산다고 해도

이 넓은 세상에 나보다 더 행복한 녀석은 없을 거요.
연기가 자욱한 저 위,
땅과 별들의 그 사이가 바로 굴뚝청소의 세계라오.

거기엔 낮과 밤의 차이도 없고
세상의 반은 어둠에 반은 빛에 가려 있지요.
런던의 지붕 위
얼마나 멋진 광경인지.

나는 내 직업이 자랑스럽다오, 정말이라오.
빗자루와 솔을 들고
머리부터 발끝까지 그을음으로 덮여 있지만
굴뚝청소부는 어딜 가든 환영받는다오.

굴뚝청소부와 함께라면
아주 유쾌한 친구를 얻은 거요.
어디에도 그보다 행복한 이는 없다오.

같이 노래합시다,
굴~ 굴~ 구울~뚝!

- 영화「메리 포핀스」에서 굴뚝청소부가 부르는 노래
  번역: 김영채

18세기 영국의 산업혁명 이후 가정에서 석탄을 때기 시작하며 굴뚝청소부라는 직업이 생겨났다. 굴뚝의 지름은 보통 46센티미터로 몸집이 작은 어린 소년들이 굴뚝청소를 했다. 질식의 위험이 있는 일이었고, 그을음을 잔뜩 뒤집어쓴 채 잘 씻지도 못해서 치명적인 직업병에 시달렸다. 1788년 '굴뚝청소부 법'이 만들어지면서 여덟 살 이하 어린이를 굴뚝에 올리는 것을 금지했지만 강제력이 거의 없었다. 1840년에는 스물한 살이 되지 않으면 굴뚝청소를 할 수 없게 했지만 법은 유명무실했다. 그러다 1875년 2월 열두 살 소년 조지 브루스터가 풀번 병원 굴뚝에 올려졌다가 질식해 얼마 뒤 숨을 거두고 말았다. 조지를 굴뚝에 올린 이는 6개월형과 노역을 선고받았다. 정치가 섀프츠베리 경은 이 사건을 계기로 굴뚝청소부에 관한 법 운동을 다시 밀어붙였다. 마침내 1875년 9월 어린아이들을 굴뚝 위로 보내지 않을 수 있게 됐다.

패멀라 린던 트래버스Pamela Lyndon Travers의 동화 『메리 포핀스Mary Poppins』(1934)는 저 굴뚝청소부 법이 제대로 시행된 지 40년쯤 지난 1910년대 영국 런던을 배경으로 한다. 우산을 타고 날아온 유모 메리 포핀스가 체리나무길 17번지에 사는 뱅크스 집안의 아이들과 겪는 모험을 그리는 이 동화에서는 여성참정권 운동, 1차 세계대전 직전의 사회·계급상을 엿볼 수 있다. 1964년에는 줄리 앤드루스 주연의 뮤지컬 영화로도 제작됐다. 여기 소개한 노래 '침 침 체리Chim Chim Cher-ee'는 영화 속 메리 포핀스의 친구이자 굴뚝청소부이면서 거리의 악사·화가이기도 한 버트가 아이들의 손을 잡고 거리를 거닐며, 또 밤의 굴뚝 위에 올라 메리 포핀스와 도시를 내려다보며 부르는 노래다.

*「법이 가르쳐주지 않는 것들: 굴뚝청소부와 미친 모자장수」(『노동과건강』 91호, 2015 봄)를 참고했습니다.

라운드테이블

청소년과 노동
엄기호 (문화학자)

2015년 알바몬 광고가 사회적으로 큰 관심을 받았다. 알바가 갑이라고 선언하며, 갑인 알바에게 당당하게 자신의 권리가 무엇인지를 알려주는 내용이었다. 당시 이 광고를 둘러싼 논란과 알바 노동자들의 폭로는 한국의 불안정 노동, 특히 청(소)년이라 불리는 10~20대들의 노동이 어떤 상태에 놓였는지를 잘 보여줬다.

물론 알바 노동에 청(소)년들만 종사하는 것은 아니다. 1997년 IMF사태 이후 경제위기의 구조화로 말미암아 장년들도 불안정 노동으로 많이 내몰렸다. 편의점이나 패스트푸드점에서 일하는 장년층을 쉽게 볼 수 있다. 그럼에도 여전히 '알바'에 종사하는 연령은 청(소)년이 다수다. 임금이나 처우에서 빚어지는 갈등 역시 장년들보다는 청(소)년층에 많이 나타난다.

먼저 질문할 것은 '왜 청소년 노동은 유독 불안정 노동의 형태로 나타나며, 노동착취 역시 청소년 노동에서 많이 일어나는가'다. 청소년 노동은 압도적으로 불안정 고용의 형태로 나타난다. 편의점·주유소·음식점·패스트푸드점 같은 소비산업에서만 그런 것은 아니다. 특성화고등학교 학생들의 이른바 '실습생' 형태의 고용도 정규직 노동으로 취급되지 않는다. '열정노동' '열정페이'라는 이름으로 착취가 이뤄지는 문화산업계에서도 이들의 노동은 노동이 아니라 보조적이거나 임시적이고 예외적인 일로 취급된다.

청소년 노동을 바라보는 이런 특수한 시선은 근대 사회가 출현하면서 청소년을 사회적으로 정체화$_{identify}$하고 위치$_{location}$를 부여하는 방식에서 찾아야 한다. 간단히 말해 근대 사회는 청소년을 노동으로부터 분리하여 '노동하는 존재'가 아닌 '교육받아야 하는 존재'로 정체화했다. 청소년은 성인들과 함께 오늘을 살아가는 존재가 아니라 내일을 준비해야 하는 존재다. 그들의 쓸모는 오늘이 아니라 내일에 있다. 이런 시선에서 태어난 장소가 학교다.

학교, 청소년으로부터 노동을 지우다

학교는 뭘 하는 곳인가? 홍준표 전 경상남도 도지사는 의무급식을 중단하면서 학교는 밥 먹으러 가는 곳이 아니라 공부하는 곳이라고 했다. 이 공부의 목적은 명백하게 '개천에서 용 나는 것'이다. 신분 상승을 위해 공부하고 그 공부를 하는 곳이 바로 학교라는 이야기다.

신분 상승을 위해서는 우선 현재의 노동을 중단해야 한다. 자신의 자녀를 지금 당장 이익을 얻어낼 수 있는 노동에 투입시키기보다 미래에 더 큰 이익을 낼 수 있는 노동을 준비하게 해야 한다. 한편 학교는 정치적·사회적 준비가 '덜 된' 청소년들을 교육해 시민으로 만드는 곳이기도 하다. 자율적이고 독립적인 판단을 하며 사회에 참여하는 개인, 즉 시민을 만드는 것이 교육의 목적이라고 말한다. 그렇기에 청소년은 사회적 의미에서 보더라도 지금 당장 사회에 참여하는 사람들이 아니다.

바로 이런 점에서 어린이·청소년 노동착취는 매우 강력하게 비난받는다. 스포츠 브랜드인 나이키는 파키스탄의 어린이가 만든 축구공을 매우 비싼 가격으로 팔아먹은 뒤 전 세계적 불매운동에 휩싸였고, 결국 1998년 엄청난 적자를 보면서 대량해고에 이르렀다. 다른 노동착취였다면 일어나지 않았을 엄청난 분노가 조직된 것이다. 그 분노의 바닥에는, 청소년은 노동하는 존재가 아니라 교육받아야 하는 존재이며, 오늘을 살아가는 존재가 아니라 내일을 꿈꾸고 준비해야 하는 존재라는 가정이 있다. 이런 점 때문에 공정무역운동을 하는 단체에서는 저개발국의 노동현장과 계약을 맺을 때 청소년의 노동착취를 근절하고 학교와 교육을 제공하는 데 각별히 신경을 쓴다.

그런데 바로 이런 인식 때문에, '배움'이라는 이름으로 노동으로부터 노동의 성격을 박탈하는 일도 벌어진다. 노동하는 청소년은 배우는 과정에 있으므로 독립적이고 온전한 '노동자'로 취급하지 않아도 된다는 것이다. 특성화고등학교 학생들의 '실습', 알바생들의 '수습', 그리고 열정노동과 열정페이가 여기에 속한다. 청소년을 노동착취로부터 보호하기 위해 만든 담론이 오히려 청소년의 노동과 노동착취를 비가시화하고 정당화하는 수단으로 돌변할 수 있는 것이다.

보이지 않는 청소년 노동

'알바생.' 노동을 하긴 하지만 노동자는 아니고, 본질적으로 그 정체가 학생임을 가리키는 말이다. 실제로 학생이건 아니건 우리 사회는 그들이 학교에 있다는 것을 가정하며, 그렇지 않은 경우를 예외로 여긴다.

청소년을 노동자가 아닌 학생으로 바라보는 것은 '배우는 존재'로서 그들을 보호할 수 있지만 '노동하는 존재'

로서 그들을 비가시화한다. 그들은 "부려먹기 쉬운" 존재이고, 그들에게 주는 최저임금은 '최고임금'이며 그들을 부르는 이름은 "야"와 "너"이다. 고용주와 이들의 관계도 공적인 고용주-노동자의 관계가 아니라 어른과 아이라는 연령주의적 서열 관계에 배치된다. 나아가 삼촌·이모·조카 등 매우 사사로운 가족주의적 언어로 환원된다. "내 아들/딸 같아서 하는 말인데…"는 자주 사용되는 비유법이다.

그 결과 이들의 노동을 이용하고 착취하는 것은 거꾸로 이들에게 경험을 제공하는 것으로 미화된다. 패션잡지사에 취직하면 하루 종일 상사를 위해 다른 잡지와 인터넷을 모니터링해 프린트하고 기사나 이미지를 스크랩한다. 밥도 제대로 먹지 못하는 중노동이지만 회사에서는 이 노동이 노동자에게 '좋은 경험'이 될 것이라고 말한다. 앞으로 디자이너로 성장해나가는 데 안목을 키워주는 것이라고 말이다.

편의점이나 패스트푸드점에서 일하는 것도 마찬가지다. 그 일이 자기의 미래 직업이 될 것이라고 여기는 알바생은 거의 없다. 그럼에도 청소년들에게 이 일을 하면 '사회'를 배우게 될 것이라고 하며 '돈 주고도 못 배우는 경험'이라고 강조한다. 그래서 그들의 노동을 이용/착취하는 고용주는 졸지에 경험을 제공하는 '어른'이 된다.

경험을 제공한다는 것에 이처럼 큰 의미를 부여하는 것은 경험이 사람이 성장하는 데 기본이 되기 때문이다. 교육학자 존 듀이John Dewey는 삶이란 경험의 연속이며 경험이 계속해서 갱신되는 것이 성장이라고 말한다. 앞의 경험에서 사람은 뭔가를 배우고, 그 배움을 통해서 다음에 좀더 나은 경험을 하게 된다. 이런 관점에서 본다면 경험을 제공하는 것이야말로 한 사람의 성장에 도움을 주는 교육적 행위가 된다. 청소년에게 경험을 제공하는 것은 그 사람의 노동력을 사용하는 게 아니라 그 '아이'의 성장에 도움을 주는 행위가 되는 셈이다.

열정페이, 열정노동이 문제가 되는 것은 바로 이런 맥락이다. 청소년이 자신의 노동에 대해 '정당한' 대가를 요구할 때 '배은망덕'이라고 생각하거나 "그만두라"며 오히려 큰소리치는 것이 가능해진다. "내가 너를 어떻게 키웠는데" "내가 너를 어떻게 가르쳤는데"라는 말이 저절로 나올 수 있게 된다. 다시 강조하지만 노동력을 사용한 것이 아니라 교육적 기회를 제공했다고 생각하는 것이다. 그래서 특정 연령대의 노동자들은 그들이 제공하는 노동의 내용과 시간에 상관없이 노동자가 아니라 '학생', 즉 배우는 사람으로 그 정체성이 고정된다.

그런데 이런 노동자 정체성을 부정하고 그 정체성을 학생으로 고정하는 것은 정당한가? 청소년들의 노동은 생각보다 장시간에 이르는 경우가 많다. 특히 특성화고등학교 학생들의 '실습' 기간은 노동 시간이 길고 노동 강도도 강하며 규율도 엄격한 편이다. 말은 '실습'이라며 배움의 기회를 제공한다고 하지만 저임금 노동착취를 '교육'의 이름으로 자행하고 있다. 탈학교 청소년들의 노동, 저소득층 청소년들의 노동 역시 마찬가지다. 청소년을 노동으로부터 보호해야 한다고 말하지만 실은 가장 밑바닥에서 착취하고 있는 셈이다.

몸으로 하는 노동을 부정하다

노동은 배움이라는 이름으로 교육 과정에서 비가시화되었다. 그러나 학교에도 노동은 존재한다. 아니, 학교는 노동을 교육이라는 이름으로 적극적으로 활용하기까지 한다. 다만 노동을 긍정하는 것이 아니라 부정적으로 활용해왔다. 이를테면 '문제가 있는' 학생들에게 '벌'로 화장실 같은 지저분한 곳을 청소하게 하는 것이다. 공부를 잘하거나 칭찬받을 일을 한 학생들에게는 청소와 같은 '노동'이 '면제'되고 말썽을 일으킨 학생들은 그 몫까지 감당해야 했다.

학교 바깥의 '봉사활동'도 처벌로 활용되고 있다. 몇 년 전 순천에서는 이렇게 처벌로 봉사활동을 간 학생들이 요양소의 노인들을 희롱하고 그걸 찍어 인터넷에 올렸다가 사회적 문제가 되기도 했다. 학교야 비행을 저지른 학생들이 봉사활동을 통해 자기 자신을 반성하기를 바랐다고 하겠지만, 봉사활동이 '처벌'이 된 상태에서 학생들에게 사회적 약자를 존중하는 태도를 기대하기는 어려울 것이다.

노동이 처벌이 됨으로써 청소년들은 학교에서 '몸으로 하는 노동'이 부정적인 것이라고 배운다. 정신노동이나 사무직 노동은 할 만한 것이지만 청소 같은 육체노동은 학교에서 성적이 떨어지는 학생들이 하게 되는 패배자의 노동으로 인식한다. 따라서 청소년들은 노동에 대해 매우 부정적 인식을 가지며 노동자의 정체성을 극구 부정한다. 학생들에게 '졸업한 다음 어떤 일을 하게 될지'를 물어보면 성적이 높은 학생들은 '전문직'을, 낮은 학생들은 '노동'이 아닌 '자영업'을 이야기한다. 전자는 전문직도 노동이라는 점을 부정한다. 후자는 노동자가 아니라 자기 사업을 하는 '사장'이 될 것이라고 말한다.

그런데 저성장-고실업 사회가 되면서, 특히 특성화고등학교에서 새로운 경향이 나오고 있어 흥미롭다. 인문계 고등학교의 상위권 학생들이 의사나 변호사 같은 전문직 직종을 이야기할 때는 아예 그것이 노동이라는 의식이 없다. 반면 특성화고등학교 학생들은 자신들이 노동자가 될 것이라는 점을 알고 있다. 다만 이들은 그냥 '노동자'가 아니라 '전문직' 노동자가 되겠다고 말한다. 또한 그것이 먹고살기 위해 하는 노동이 아니라 자기가 하고 싶어서 하는 일, 즉 자아실현의 수단이라는 점을 강조한다.

　　이런 경향은 영국 노동계급의 자녀들이 교사가 수행하는 정신노동(사무직 노동)은 '진짜' 노동이 아니라 '가짜' 노동이며, 진짜 노동은 생산직 노동자들의 노동이라고 인식하면서 학교를 거부하는 것과 대비된다. 영국의 문화인류학자인 폴 윌리스는 『학교와 계급재생산』(이매진 2004)에서 영국의 노동계급 자녀들이 노동자들의 문화를 흡수하고 학교에 대항하면서 노동자로 되어가는 과정을 '노동으로 배우기 learning to labour'라고 불렀다.

　　한국의 학생들이 학교의 지식을 탁상공론에 불과하다며 거부하는 모습도 언뜻 비슷해 보인다. 그러나 한국의 학생들은 그 대항의 논리와 지식을 노동계급에서 가져오지 않는다. 오히려 한국 노동계급의 자녀들은 부모로부터 노동자가 되는 것은 인생의 패배라는 말을 어렸을 때부터 귀에 못이 박히게 듣는다. 결코 되어서는 안 되는 것이 노동자이기 때문에, 노동계급의 문화를 자원으로 활용해 학교의 권위에 도전하지 않는다. 영국 노동계급의 자녀들과 달리 한국의 노동계급은 학교를 졸업한 이후 자신의 모습을 그려볼 구체적인 문화적 자원이 주변에 없는 셈이다. 대개 그 자원을 미디어에서 막연히 끌어오곤 한다.

다시 교육으로 들어온/돌아와야 할 노동

노동을 다시 학교로 끌어들이려는 시도들이 있다. 노동을 부정적으로 교육에 활용하는 것이 아니라, 노동을 긍정할 수 있도록 노동을 통해 배우는 과정이 대안학교에서부터 공교육에서까지 실시되고 있다.

우선 '노작 교육'에서는 교육 과정에 노동이 배제된 것을 비판하며, 학생들이 적극적으로 노동을 통해 수고와 기쁨을 느껴야 한다고 여긴다. 이때 가장 적극적으로 활용되고 있는 교육은 농업교육이다. 자연을 대하는 근대적 방식을 반성하며 지금 교육에서 필요한 것은 생태적 전환임을 강조한다. 초창기에는 생태적 삶의 방식으로 변화를 촉구하는 데 초점을 맞추었다. 에너지를 덜 쓰고 자원을 재활용하며 자연을 이해하고 생명을 존중하는 마음을 갖게 하는 것이 그 목적이었다. 그러나 농업교육이 삶의 방식을 넘어 학생들에게 주권 의식을 갖게 하는 정치화 과정이라고 주장하는 흐름도 만들어지고 있다(정용주「정치적 실천으로서 텃밭농사」, 『오늘의 교육』 2015년 1·2월호).

한편 노동에 대한 인식을 전환하고, 노동자의 인권과 노동권을 교육하려는 시도가 있다. 학교현장을 정치화한다는 비판도 있지만 이런 교육은 절대 다수의 청소년이 가까운 미래에 노동자가 되리라는 점에 비추어 꼭 필요한 교육이다. 졸업과 동시에 혹은 졸업하기도 전에 이미 노동자로 살아가는 청소년이 많은 현실에서, 노동의 권리와 노동의 세계를 교육 과정에서 완벽히 배제하는 것은 그들을 발가벗은 상태로 노동현장에 내보내는 것과 마찬가지이기 때문이다.

근대 사회에서 인간이 입는 옷은 '권리'의 형태로 나타난다. 우리는 '발가벗은 생명'으로 태어나지만, 태어나자마자 국민/시민이라는 옷을 입는다. 이 옷을 입음으로써 인간의 삶은 보호받는다. 노동자의 권리는 노동자가 노동현장에서 스스로를 보호할 수 있는 법적 장비다. 따라서 청소년에게 노동자로서의 권리를 가르치고 그것을 잘 활용할 수 있는 교육을 제공하는 일이야말로 그들에게 삶의 기예arts of life를 습득하게 돕는 일이라는 점에서 교육 본연의 역할이라 할 수 있다. 교육이란 지식의 일방적인 전달이 아니라 자신이 활용할 수 있는 기예를 익히는 과정 아니겠는가? 노동을 통해 배우는 것과 노동에 대해 배우는 것. 이 두 과정은 삶의 기예라는 관점에서 본다면 따로 떨어져 있지 않다. 노동을 통해 배우는 것은 우리가 배우고 익힌 것을 좀더 실천적으로 만든다. 또한 우리가 얼마나 많은 사람의 노동에 기대어 살아가는지를 깨닫게 한다.

우리가 노동자로서 파는 것은 노동 시간이지 우리의 몸과 인격이 아니다. 이 점을 아는 것은 스스로 존엄을 지키기 위해 중요하다. 많은 청소년 노동자들이 노동현장에서 이루 말할 수 없는 모욕과 신체적 위협을 당한다. 이런 위협과 모욕으로부터 자신을 지키기 위해서는 노동이 무엇이고 노동자가 어떤 권리를 갖고 있으며, 노동조합 등을 통해 어떻게 스스로 보호받을 수 있는지를 분명하게 알고 있어야 한다.

한국의 교육은 청소년들이 지금 노동을 수행하고 있건 없건, 가까운 미래에 노동자가 되건 안 되건 상관없이 교육이라는 이름으로 이들을 발가벗겨 노동현장으로 보내는 역할만 했다. '발가벗은 생명'을 체계적으로 양산해온 셈이다. 이것은 교육이 아니다. 우리는 이처럼 노동에 반하는 반反교육에 저항해야 한다.

* 이 글은 『창비어린이』 49호(2015 여름)에 실린 글을 고쳐 쓴 것입니다.

라운드테이블

하늘집에 올리는 기도
하종강 (성공회대 노동아카데미 주임교수)

1

내가 교회에 다닌다고 하면 사람들의 반응은 대개 둘 중 하나다. "노동운동과 기독교는 어울리지 않는데, 이상하다"라거나 "아직도 교회에 다녀? 신기하다"라고 한다. 그러나 내 학생운동의 출발은 기독교학생회(KSCF)였고, 생애 처음 참여했던 집회는 박정희 독재를 규탄하는 '시국기도회'였다.

이념적 기반이 취약했던 1970년대 초반 학생운동의 주류는 종교 '서클(동아리)'이었다고 해도 지나친 말이 아니다. 어쩌다 벌어지는 '가투'에서도 경찰 병력과 가장 격렬하게 맞서고 끝까지 대오에 남은 동료들 가운데 기독학생회·가톨릭학생회·불교학생회 회원들이 많았다. 뒤풀이나 평가회에서는 종교 동아리 학생들의 활약상이 화제가 됐고, 그 뒤 오랜 세월 동안 후일담을 나누는 자리에서도 "그때 이슬람교학생회까지 있었으면 경찰 완전 개박살났을 거야"라는 농담들을 주고받기도 했다.

소모임을 비롯한 모든 운동조직은 비공개로 활동할 수밖에 없었고 간혹 그 실체가 드러나면 구성원 전원이 연행되거나 구속되던 '비합의 시대'였다. 공개 운동조직이 단 한 개도 없던 황량한 시대에 공개적으로 열 수 있는 집회는 종교기관이 주최하는 '기도회'나 '미사'나 '법회'뿐이었다. 오죽하면 '명동 YWCA 위장결혼식'까지 열어 집회를 도모해야 했을까?

마르크스·레닌·마오의 저작물이나 사회과학 서적을 읽으며 학습하는 풍토가 운동권 내에 자리 잡은 것은 한참 뒤의 일이었다. 과학적 이념이나 혁명적 사상이 아니라 종교적 신념을 가진 사람들이 가장 성실하게 운동에 복무하는 것이 오히려 당연했다.

1970년대 한국 노동운동을 대표하는 동일방직·원풍모방 사건들이 인천기독교도시산업선교회·영등포산업선교회 등과 떼려야 뗄 수 없는 관계를 갖고 있는 것도 그 때문이다. 나만 해도 인천기독교도시산업선교회에서 동일방직 노동자들을 만난 것이 노동운동의 첫걸음이었다.

사실 기독교는 노동운동과 어울리지 않는 종교가 절대로 아니다. 오히려 노동운동을 가장 소중하게 생각할 수밖에 없는 종교다. 99권으로 이루어진 성경 중에서 가장 처음 기록된 것은 「출애굽기」다. 글자 그대로 '애굽에서 탈출한 기록'이라는 뜻이다. 수백 년 동안 애굽(이집트)에서 노예 생활을 하던 히브리 사람들이 모세라는 훌륭한 지도자를 만나 노예 해방 전쟁에서 승리하며 자신들의 역사를 기록하기 시작한 것, 그것이 성경의 출발이었다. 우리 역사에 빗대어 설명하면 '승리한 동학농민전쟁'의 기록이 이를테면 성경의 시작이었던 셈이다. 우리의 '동학'은 실패했지만 저들은 성공했던 것이다.

지금 기독교인들이 섬기는 '하나님(여호와)'은 본래 수천 년 전 노예 생활을 하던 히브리 사람들이 섬기던 신이었다. 따라서 지금 우리가 '하나님'을 믿는다는 것은 노예들이 섬기던 신을 믿는다는 것과 다름없다. 그 아픈 역사와 전통을 기억하는 소수의 교회들이 여전히 있고, 노동운동 하는 사람이 그런 교회에 다니는 것은 오히려 자연스러운 일이다. 내가 다니는 교회의 목사님은 성탄절에 다음 같은 내용의 설교를 하셨다.

"성경에 보면, 예수님이 태어났다는 소식을 천사들이 한

밤중에 들에서 양을 치던 목동들에게 가장 먼저 전했다고 나와 있습니다. 요즘 말로 하면, 편의점과 주유소에서 밤새 일하는 알바 노동자들이나 심야 대리기사들에게 그 소식을 처음 알렸다는 뜻입니다. 비정규직 노동자들이야말로 그 소식을 가장 기쁜 복음으로 들었을 사람들이었을 테니까요."

교회에 다니는 노동조합 간부들이 대부분 공통된 호소를 한다. 목사님이나 장로님이 "믿는 사람은 그런 일 하는 거 아니야"라고 충고한다는 것이다. 그렇지 않다. 믿는 사람일수록 노동운동을 더욱 열심히 하는 것이 오히려 당연한 일이고, 그것이 기독교 본래의 모습을 회복하는 일이다. 이 땅의 노동자들이 조금이라도 더 인간답게 사는 일에 작은 보탬이라도 될 수 있다면 교회에 다니는 일을 포기할 수는 없다.

2

며칠 전 광복절에 어린이들이 서대문형무소를 견학하는 프로그램을 TV에서 우연히 보았다. 유관순 열사가 갇혀 있었다는 지하실로 내려가는 계단 입구에서부터 고문당하는 독립운동가들의 비명이 들리기 시작하자, 어린이들은 두려움에 떨며 차마 선뜻 지하실 계단을 내려가지 못했다. 두 손으로 귀를 틀어막고 겨우겨우 발걸음을 내딛는 아이도 있었다.

고문의 고통은 당해본 사람만이 안다. 1981년 5월, 인천제일교회 기도회 사건으로 잡혔을 때, 말로만 듣던 '통닭구이', '비녀꽂기' 고문이란 걸 당해봤다. 그리고 부끄럽게도… 사흘 만에 굴복했다. 나는 사흘 만에 아끼는 후배의 이름을 말할 수밖에 없었고, 그 뒤 며칠 동안 차례차례 잡혀 들어오는 후배들이 고문당할 때마다 지르는 비명이 지하실에 울려 퍼지는 소리를 들어야 했다.

인간의 모든 존엄성을 상실한 채, 자신이 한 마리의 개처럼 느껴졌던 치욕스러운 모습이 40년 가까운 세월이 지난 지금도 도저히 잊히지 않는다. 『송곳』의 최규석 작가는 그 장면을 묘사하면서 "꼬리가 있었다면 흔들었을 것이다"라고 표현했다. 나의 알량한 경험으로 말하건대, 고문이 남기는 가장 큰 '트라우마'는 수사관에게 꼬리라도 치고 싶었던 자신의 그 치욕스러운 모습이 잊히지 않은 채, 삶의 모퉁이에서 불쑥불쑥 고개를 쳐들 때마다 끓어오르는 도저히 어찌할 수 없는 굴욕감이다.

그러나 그 고문의 치욕스러운 경험이 우리에게 운동을 절대로 포기할 수 없는 중요한 이유가 됐던 것도 부인할 수 없는 사실이다. 역사의식이나 철학은 둘째치고라도 "우리가 당한 치욕을 언젠가는 되갚아줘야 한다"는 다짐이 1970년대 운동권 세대에게는 손에서 내려놓을 수 없는 무기의 최저값이었다.

3

올여름 더위는 우리 모두에게 살다가 처음 겪어보는 '폭염'이었다. 밀린 일이 눈앞에 산더미처럼 쌓여 있는데도, 너무 더워 도저히 손을 댈 엄두를 내지 못했다. 원고는 며칠이나 마감을 넘겼고, 노동대학 새 학기 준비도 계속 미뤄졌다. 한밤중에 사지를 벌리고 가만히 누워 있기만 하는데도 온몸이 끈적거리고, 잠은 오지 않고, 몽롱한 상태에서 불쾌한 기분으로 시간만 죽이는 일상이 반복됐다.

만나는 사람들마다 "살다가 살다가 이런 엄청난 더위는 처음 겪어본다"며 푸념을 했다. 업무용으로 주고받는 편지나 문자에서도 "폭염에 잘 지내시는지 궁금합니다"라거나 "무더위 잘 견디시기 바랍니다"라는 인사말이 빠지지 않았다.

이 살인적인 폭염 속에서 75미터 높이 굴뚝 꼭대기에 올라가 있는 홍기탁, 박준호 두 노동자의 삶은 도대체 어떠

했을까? 오래 전 내가 사흘 동안 당한 '통닭구이', '비녀꽂기' 고문보다 몇십 배 더 고통스러우면 고통스러웠지 그보다 더 견디기 쉬운 어려움은 결코 아니었을 것이다. 하루 이틀도 아니고 그 75미터 높이 굴뚝 위에서의 농성이 오늘로 280일째다.

우리가 집에서 식탁에 둘러앉아 밥을 먹을 때에도, 친구들과 시원한 커피 전문점에서 아이스아메리카노를 마실 때에도, 지방에 있는 노동자들을 만나러 KTX를 타고 갈 때에도, 가끔 책을 읽거나 TV를 보거나 영화 관람을 할 때에도, 집에서 누워 자고 있을 때에도… 밑에서 올려다보면 하늘을 찌를 듯 가물가물 높이 솟아 있는 굴뚝 꼭대기에서 홍기탁, 박준호 두 노동자가 숨이 턱턱 막히는 무더위와 싸우며 300일 가까이 농성을 하고 있다고 생각하면 길을 걷다가도 문득 목이 멘다.

3년 전인 2015년 4월, 연극 「노란봉투」 공연이 끝난 뒤 관객과의 대화 자리에서 '스타케미칼 해복투'의 이름으로 참석한 홍기탁 동지를 본 적이 있다. 차광호 동지가 구미 스타케미칼 공장 굴뚝 위에서 314일째 농성 중인 날이었고, 최후에 남은 열한 명의 노동자들은 하루 농성할 때마다 회사에 550만 원씩 업무방해에 따른 가처분 금액을 물어내야 하는 상황이었다. 관객들 중에는 '스타케미칼'이란 이름을 그날 처음 들어보는 사람도 많았다. 홍기탁 동지가 사건 경위를 관객들에게 설명했다.

"차광호 동지가 작년 5월 27일 새벽 4시에 굴뚝에 올라갑니다. 그 작전은 저희들이 2014년 2월부터 준비가 돼 있었던 상황이었고요, 본래 처음에는 3명이 올라갈 계획이었지만, 남아 있는 인원이 워낙 적어서, 밑에서 지키고 옹호할 사람이 별로 없었습니다. 그래서 불가피하게 차광호 대표가…"

차분하게 설명하던 홍기탁 동지의 음성이 떨리는가 싶더니, 문득 목이 잠겼다. 애써 숨을 고르고 억지로 헛기침도 해봤지만 목소리가 돌아오지 않았다. 고개를 들어 그 큰 눈으로 하늘을 바라보며 울음을 삼키던 홍기탁 동지의 얼굴이 지금도 눈에 선하다. 관객들은 숨을 죽이고 홍기탁 동지가 호흡을 가다듬기를 기다렸다. 정확하게 25초 동안 극장 안에 정적이 흘렀다. 관객들이 박수를 치며 격려하자 홍기탁 동지는 겨우 입을 열었지만 "그때 내가 같이 올라갔어야 했는데…"라며 말하고는 고개를 떨궜다. 혼자 외롭게 굴뚝 위에서 314일째 농성하고 있는 차광호 동지에 대한 애틋함이 홍기탁 동지의 온몸에서 뿜어져 나왔다.

오래 전, 고문을 당하던 시절, 옆방에서 들려오는 동료들의 비명도 고문을 당하는 사람에게는 서로에게 힘이 됐다. 그때 서로 목소리를 알아듣고 이름을 외치며 질러대던 비명 때문에 우리가 죽지 않고 살아난 것인지도 모른다는 생각을 하곤 했다. 어두운 지하실 복도에 울려 퍼지던 동료들의 비명이 우리에게는 서로를 연결시켜주는 '구원의 끈'이었던 셈이다.

굴뚝 위에서 농성하는 홍기탁, 박준호 두 노동자에게는 굴뚝 아래에 있는 우리들의 목소리가 힘이 된다. 우리가 그들을 여전히 잊지 않았다는 사실을 생생하게 느낄 수 있도록 굴뚝 아래에 있는 사람들이 외치는 목소리가 끊임없이 들려야, 그 노동자들은 끝내 살아남아 승리할 수 있을 것이다. 75미터 하늘집에 보내는 손편지가 굴뚝 위의 두 노동자에게는 '구원의 끈'이 될 수 있을 것이다.

4

노동자의 권리가 확대되는 것이 인류 사회가 발전하는 방향이라는 것이 내가 지켜왔던 신념이고, 조금이라도 그 방향에 기여하는 삶을 선택해야 한다는 것이 나에게는 거의 신앙이나 마찬가지인 원칙이었다.

그것이 내가 아직도 교회에 다니는 이유이기도 하다. '하나님이 과연 실제로 있을까?' 의심이 들 때가 솔직히 있지만, 그 믿음의 끈을 놓지 않고 사는 것이 이 땅의 노동자들이 인간답게 사는 사회를 건설하는 일에 작은 도움이라도 되는 선택이라면 포기할 수는 없기 때문이다. 지난 주일 교회 예배시간에 내가 했던 기도를 옮기는 것으로, 힘들게 쓴 이 글을 마무리한다.

"사람들의 마음이 모두 우리 마음과 같아질 수 있도록… 투쟁하는 노동자들을 기억하는 우리의 생각이 많은 사람들의 생각이 될 수 있도록 도와주시옵소서. 사람들이 아침에 잠을 깨어 하루를 시작할 때마다, 가족들과 식사를 할 때마다, 친구들과 시원한 음료를 마실 때마다, 차를 타고 이동할 때마다, 책을 읽거나 TV를 보거나 영화 관람을 할 때마다, 잠을 자려고 누울 때마다… 홍기탁, 박준호 두 노동자가 우리보다 조금 더 하나님 당신과 가까이 있는 75미터 높이의 굴뚝 위에서, 숨이 막힐 듯 힘겨운 무더위와 싸우며 300일 가까운 농성을 하고 있다는 사실을 기억할 수 있도록 도와주시옵소서. 그래서 그 노동자들이 건강한 몸으로 끝내 승리를 쟁취하고 하루빨리 내려와 행복한 일상의 삶을 누릴 수 있도록 도와주시기를 간절히 바랍니다. 이 모든 말씀을 약한 자 힘주시고 강한 자 바르게 하시는 예수님의 이름으로 기도합니다. 아멘."

ⓒ신기철

8년 동안을 매달 마지막 날 밤이면
어릴 적 꿈을 꾼다.

마을 어른들이 모여
놀라운 고기잡이 얘기를 했다.

그건 열정의 삶이었다.
그들의 행동은 종교의식처럼 엄숙했다.
돌이켜보니 그야말로 장관이었다.

그땐 하루 열네 시간 열심히 일했다.

그리 넉넉지 않았지만
자신들의 삶을 자랑스러워했다.

열심히 일한 만큼
평안한 휴식을 누렸고
생선으로 맛난 저녁을 즐겼으며
따뜻한 벽난로에
별이 무수한 하늘

모든 순간이 진실되고
생기 넘쳤으며 아름다웠다.
그들은 행복할 자격이 있었다.

(…)

플라스틱 공장이 대단한 건 아니다.

하지만, 하루 일을 끝내고 느끼는
뿌듯함과 나른함
이런 느낌은 오랜만이다.

여전히 가난했지만
생트마리(Sainte-Marie) 섬 사람들은
마침내 자존감을 되찾았다.

잃었던 행복을 되찾은 것이다.

- 영화 「대단한 유혹」 중에서

캐나다 퀘벡의 생트마리 섬. 어부들이 하루 일을 마치고 평온한, 또 황홀한 밤을 보내던 이곳은 어획량이 줄고 일이 끊기며 활기를 잃어갔다. 물고기를 낚는 대신 연금생활자로 늙어가는 어부들도 마찬가지. 그러던 이들에게 '섬에 플라스틱 공장을 유치할 수 있을지 모른다'는 실낱같은 소식이 들려온다. 단, 이 섬에 상주하는 의사가 있어야 한다는 게 조건. 우연히 섬에 머물게 된 의사의 마음을 붙박아두기 위한, 섬 사람들의 필사적인 구애 작전이 펼쳐진다.

여기 소개한 문장은 영화 「대단한 유혹」(La Grande Seduction, 2003)의 오프닝과 엔딩에 삽입된 내레이션이다. 바야흐로 '주 52시간 노동' 시대. 하루 열네 시간씩 일하던 때를 행복으로 기억하는 이들의 이야기라니, 너무 동떨어진 것 아닌가! 그러나 '전직' 어부들이 바란 것은, 노동시간이 길든 짧든 보수가 많든 적든 그에 휘둘리지 않고 일하던 때의 자존감이다. 세상의 잉여로 지목되며 얻는 복지 혜택이 아니라, 스스로 필요한 존재임을 증명하고 뿌듯함을 느끼게 하는 무언가. 이들이 기억하는 행복은 그 '일'이다.

아우트로

여기, 민주주의자가 있다
김다은

오늘 내려옵니다

'마음은 굴뚝같지만' 펀딩이 시작되고 열흘 정도 지난 어느 날 아침, 출근 준비로 놓친 한 통의 전화가 있었다. 화면에는 '차광호 지회장'이라는 이름이 떠 있었다. 이른 아침부터 무슨 일일까? 문자도 한 통 와 있었다.

급한 일이니 연락주세요

순간 머릿속을 스친 것은 한 가지 생각이었다. '끝났구나' 하는 반가움.
드디어 굴뚝 위 두 사람이 내려오게 되었구나. 그간 물

밑에서 노사정이 계속 협상을 해왔고 그것이 '합의'에 이르렀다는 낭보구나. 재빨리 콜백을 했다. 다짜고짜 던진 나의 첫 마디는,

"내려오시는 거예요?"

물론 차광호 지회장은 내 말에 "무슨 소리예요~" 하는 특유의 경상도 사투리로, 잠이 덜 깼느냐는 듯 웃음을 터뜨렸다. 하지만 나는 이것이 바보 같은 일화라고 생각하지 않는다. 텀블벅이 진행되던 한 달 동안 나는 몇 번이나 그 순간이 진짜로 일어나기를 어린아이처럼 기다렸다. 이 글을 쓰는 지금도 마찬가지다. 이 책자에서 파인텍을 설명하는 모든 말들이 '과거형'이 되기를 바란다. 그리고 이것은 (현실이 얼마나 호락호락하지 않은지 모르는) 순진한 무지에서 비롯하는 것이 아니라 지치지 않는 희망에 대한 믿음에서 비롯한다. 파인텍의 싸움이, 평범하지만 평범하지 않은 이 다섯 명의 기록이 절망의 증거로 가득한 우리 사회에서 소중하고 찬란한 기록으로 남겨지길 소망한다.

급한 일이니 연락주세요

그래서 나는, 어느 날 아침 다시 이 문자를 받을 수 있

길 간절히 바란다. 그리고 그 다음 문장이,

잘 해결되었습니다. 오늘 바로 내려옵니다.

이길 고대한다.

'마음은 굴뚝같지만' 프로젝트는 바로 이 문장, "잘 해결되었습니다. 오늘 바로 내려옵니다"라는 말을 같은 마음으로 기다리는 이들 덕분에 가능했다. 이 글에서는 프로젝트에 대한 몇 가지 기억을 꺼내어 펼치고, 나누려 한다. 그러니 이 단상은 같은 배에 올라탄 이들에게 보내는 뒤늦은 감사 편지인 셈이다.

이미 이겼다

굴뚝 위에 사람이 있다는 소식을 접한 것은 그들이 하늘집에서 지낸 지 한 달여가 지난 2017년 12월 연말이었다. 날씨는 시종일관 추웠고 아침에 눈을 뜨면 한 번도 본적 없는 그들의 안부가 궁금했다. '이 추위에 오늘은 어떻게 지내나' 하는 생각이 불쑥불쑥 떠올랐다. 그때마다 답답했다. 2018년 2월 19일. 100일 문화제를 한다기에 혼자라도 찾아가 봐야겠다는 생각을 했다. 결정을 했지만 가기 전까진 온

갓 안 갈 이유를 찾았다.

'나 하나 거기 가는 게 무슨 의미가 있다고. 아아, 뻘쭘하다.'

알고는 있었지만 역시 '마음을 쓰는 것'과 '발걸음을 옮기는 것'은 다른 문제였다. 출발을 지연할 갖가지 구실을 찾았으나 그 무엇 하나 탐탁지 않았고 결국 농성장에 가는 것밖에 도리가 없었다. 기사에서 봤던 차광호 지회장이 보였다. 끝나고 정말 인사만, 드렸다. 간식으로 드시라며 급히 산 롤케이크를 전하고 자리를 떴다. 돈 몇 푼으로 응원하는 척하는 것이 참으로 부끄러웠다.

'살던 대로 살 것인가.'

작아진 마음으로 귀가를 하는데, 미끼를 문 물고기처럼 이 문장이 머릿속에 튀어 올랐다. 올 새해에 스스로에게 던졌던 질문이다. 지난 한 해 동안 지독한 무력감과 패배감에 사로잡혀 있었다. 우리 사회의 무언가가 이상하게 돌아가는 것 같은데 내가 할 수 있는 것이라곤 소비로 나를 증명하는 것, 인생을 '최대한' 행복하게 즐기는 것, 유기농일 뿐 아니라 무농약으로 재배한 식재료를 신중히 선택하는 것,

이런 것밖에 없다는 냉소에 반쯤 잠겨 있었다. 장애인 인권 활동가가 집시법 위반으로 재판을 받는데 검찰이 2년 반을 구형했다는 소식에 눈에서 불이 올랐다. 그런데 내가 하는 일이라곤 시원한 카페에 앉아 커피를 마시며 친구에게 화를 털어놓는 것밖에 없었다. 그 맛이 왜 그렇게 쓴지.

이제는 나도 살고 싶었다. 내가 구조를 변화시킬 수 없다는 사실은 그대로지만 기꺼이 그 한계를 적극적으로 실감하고 부딪친 뒤 고통스러운 게 나을 것 같았다. 정말로, 이제는 진실된 순간을 겪고 싶었다. 파인텍 사태는 그렇게 조금씩 나에게 '왔다'. 때로는 우리 사회의 야만을 고발하는 치열한 얼굴로, 때로는 '줄 수 있는 게 이것밖에 없다'며 안 씻은 손으로 계란을 까서 건네는 친근함으로, 때로는 '내가 물러나면 누군가는 더 열악한 조건으로 그 자리에 대체된다'는 차가운 고발로.

그 다음에 농성장에 갈 땐 정소은과 함께했다. 이 성실한 반역자는 '마음은 굴뚝같지만'의 꺼지지 않는 엔진이다. 조금씩 농성장이라는 공간이 익숙해졌고 그곳에 많은 연대 동지들이 와서 다섯 사람의 친구가, 가족이 되어주는 것을 보았다. 차광호 지회장의 말이면 무조건 진지하게 경청하던 우리들도(하하하하), 어느덧 김옥배 동지와 함께 차 지회장에게 스스럼없이 깐죽(?)거리게 되었고 조정기 동지의 쿨한 화법 속 유머를 찾아낼 수 있게 되었다. 물론 홍기탁, 박준호 두 동지에겐 어서 내려와 술을 사달라는 정당한(!) 요구도 잊지 않았다.

이곳은 한 명의 영웅이 존재하는 곳이 아니다. 마치 공장에서 묵묵히 주어진 일을 해내왔던 것처럼 묵묵히 투쟁을 이어가는 생활인들이 있는 곳이고, 길 위의 일상이 무너지지 않도록 삶을 받치는 규칙이 있는 곳이다. 그리고 이곳을 찾는/지키는 이들은 서로가, 서로에 대한 고마움으로 연결되어 있었다. 그곳에서 투쟁을 해줘 고마웠고, 여기까지 찾아와줘 고마웠고, 지치지 않아줘 고마웠고, 같이 결과를 맞이할 것임에 (미리) 고마웠다. 나는 이것을 일컫는 가장 적합한 단어를 이제는 안다. 그것은 바로 '우정'이다.

마음을 열고 방문자를 맞이하는 이들의 정직한 환대는 왜 이 다섯 명의 싸움에 그토록 많은 사람들이 기꺼이 함께하고 있는지를 알게 한다. 비관보다 어려운 것이 희망을 갖는 것이다. 그 다음 단계는 단연 유머를 갖는 것이다. '어유, 얼마나 힘드십니까?'라는 라디오 진행자의 인터뷰 질문에 '아, 저는 괜찮습니다!'라고 웃으며 되받아치고, 텀블벅 펀딩이 마감된 후 후원자들에게 남긴 짧은 영상편지에서는 담담한 미소가 시종 얼굴에서 떠나지 않는다. '힘 있게 투쟁합시다!'(홍기탁), '무슨 말이 필요하겠습니까?'(박준호)라고 웃으며 건네는 두 사람의 말은 이 싸움을 대하는 그들의 태도를 말해준다.

그리하여 나는 정소은의 이 말에 동의한다.

"이 사람들은 이미 이겼다."

파인텍 노동자들은 훌륭한 민주주의자들이다

'권위 앞에 쉽게 순응하는 약한 자아가 민주주의의 최대의 적이다.' 나는 독일 철학자 아도르노의 이 말을 좋아한다. 우리는 민주공화국이라는 제도를 갖춘 나라에서 살고 있지만, 그것만으로 이 나라에 사는 사람 모두가 저절로 민주주의자가 되는 것은 아니다. 민주주의가 무엇인지 고민해야 하고, 그것을 구현하도록 훈련받아야 한다. 그 순환의 과정을 통해 보다 민주적인 사회는 비로소 '획득'된다. 가장 좋은 훈련법은 그 사회가 '기회는 평등하게, 과정은 공정하게, 결과는 정의롭게' 구현되지 않을 때 저항권을 적극적으로 발휘하는 것이다. 하지만 '저항'은 불온한 것. 권력이라는, 혹은 소시민적인 단념이라는 짓누르는 중력에 맞서려면 강인한 내면이 필요하다. 쉽게 무너지지 않는 지구력은 필수다.

그걸 갖춘 이들이 누구인지 묻는다면 나는 파인텍 노동자들을 가리키겠다. 단언컨대 파인텍 노동자들은 훌륭한 민주주의자들이다. 이들의 용기는 이 시대에 실종되어가는 것이기에 더 값지다. 화석이 되어 사멸된 줄 알았던 '굴종하지 않는 자유'가 이 시대에도 가능하다고 이들은 증언한다.

모두가 침묵하고 포기한다면 부당함은 당연한 것이 된다. 수많은 이들이 쉽게 해고되고, 열악한 노동조건에 방치되고, 생계를 잃고, 삶의 최전방으로 속절없이 밀려난다. 하지만 일그러진 사회를 고발하는 목소리가 없다면 우리가 살아가는 세상은 TV 화면 속 '아름다운' 세상으로만 포장되고 만다. 그 매끈하고 깨끗한 세계는 우리를 마비시킨다. 그렇기에 굴뚝이라는 '끝'에 서서 "여기에 문제가 있다"고 외치는 이들에 감사한다. 그 싸움이 우리를 대신한 싸움임을 인정한다. 그들이 옳은 것을 말하기에 그 호소는 공명이 되어 우리를 아프게 한다. '왜 이렇게 아플까?' 하는 질문 끝에 정의라는 단어에 대해, 공감이라는 단어에 대해 생각한다. 도약의 시작이다. 이들의 저항이 동시대를 살아가는 우리에게 '선물'인 이유다(공동체를 뜻하는 community라는 단어에서 muni는 선물을 뜻한다). 아무것도 하지 않은 공동체 안의 이웃에게 거저로 '미래'의 조각을 건네준다. 그렇다면, 우리도 무언가를 아무 조건 없이 그들에게 선물할 수 있을까?

먼저는 후원자들의 손편지가 굴뚝의 위-아래를 잇는 작은 선물 보따리가 되길 기대해본다. 편지지의 빈칸을 채우기 위해 후원자들은 적극적으로 두 사람에 대해 상상해야 할 것이다. 경계 없는 상상력이 단어와 문장이 되어 하늘집 문가에 수북이 쌓이길 꿈꿔본다. 이제, 굴뚝우체부가 되어 지독하게 바쁜 시간을 보내고 싶다.

P.S

헨리 데이비드 소로의 이 말을 편지를 쓰는/받는 '굴뚝이' 들에게 바친다. "다수가 나 자신만큼 선해야 하는가는 중요하지 않다. 어딘가에 선한 누군가가 절대적으로 존재해야 한다는 것이 중요하다. 그 사람이 전체 집단을 발효시킬 효모이기 때문이다."(홍지수 옮김 「시민 불복종」, 『월든』, 펭귄클래식코리아 2014)

모두, 효모가 되어주셔서 감사합니다. (어쩐지 구수한 냄새가 나더라니… 모락모락)

굴뚝 연대기

2007년 4월 | 한국합섬 파산
2010년 8월 | 스타플렉스 김세권, 한국합섬 인수; MOU 체결
2011년 3월 | 스타케미칼로 사명 바꿔 재가동(구미)
2014년 5월 26일 | 스타케미칼 공장 철수
2014년 5월 27일 | 차광호, 굴뚝에 오르다
2015년 7월 7일 | 김세권, '고용·노조·단협' 승계 약속 합의
2015년 7월 8일 | 차광호, 땅으로 내려오다
2016년 1월 | 파인텍 설립 및 가동(충남 아산)
2016년 10월 | 회사의 단협 미체결 등 합의 불이행으로 파업
2017년 11월 12일 | 홍기탁·박준호, 굴뚝에 오르다
2018년 2월 | 고용노동부 주선으로 노사정 만남
2018년 5월 22일부터 25일 | 굴뚝농성장에서 청와대까지 20km 오체투지
2018년 5월 30일 | 차인텍 고공농성 408+200일
2018년 6월 2일 | 시민사회단체: 희망굴뚝 200일 '울뚝불뚝 문화제'

*3월 27일부터 현재까지 하루에 100만 원씩 퇴거단행 가처분 강제금이 부과되고 있다.
*5월 23일 노정협의체에서 파인텍 문제를 다룰 예정이었으나, 최저임금법 개정안 통과로 민주노총이 사회적 대화를 거부함으로써 논의가 무기한 연기되었다.

후원자

감귤 강은미 강은영 강정자 고미경 공자 과구신 곽이경 구름나무 구름다래 권용해 그랑데 김다은 김동건 김두형 김민선 김서령 김석균 김석현 김성화 김성희 김소은 김수미 김시덕 김양파 김은미 김은지 김은화 김인호 김재영 김정운 김종일 김주희 김지수 김지운 김지해 김진 김하나 김하은 김한주 김현진 김혜옥 김혜진 김효영 김효진 김희룡 꽃분이 꿈이된아이 나원참 나니 나어릴때 날리 남기평 낮에뜬별 냐함꿀꺽 냥 냥냥이 네꼬 노랑조아 노조은영 늘봄 늘푸른맘 단꿈 달빛담요 달콤한슈가 달팽이(ChoiChangHyuk) 도꼬마리 두부 드므 또르르 똥치치 라봄 라석채 라수 람 류아무개 류후남 리니 리다웃 리슨투더시티 마리아 막대기 말짜 머머 무소뿔황 민주 민트모카 밀바람 박민지 박민회 박상욱 박상헌 박세중 박수지 박은별 박재현 박정인 박정직 박준규 박진희 박한울 박현철 박혜성 박호준 박활민 반달 밤고래 배춘환 백선영 별비 보리 보리 빈백 빡 빨간판다 빨강 빵 사탕 새돌 샬롯의거미줄 서머 서승현 서울영상집단 서은미 설레임 성가소녀회 성정미 세류 소연 소울맘 소정 손명회 손은일 송준호 송혜진 쇼코 수연 숨 시드 신궁 신수진 신은영 신현암 심우청 심정수 쑤띠찌 ㅇㅇ 아게하 아는사람 아랑곳 안경 자비 안단 안재하 애플민트 양병삼 언저리 엄영애 여자최지원 예지 오미정 오세혁 오씨 오이정환 오지수 오창히 오춘상 오현근 와그작 왕코챠 우영 우웅 유금분 유튜유튜 윤자형 윤지영 윤푸름 윤한용 은물결엄마 은사시 이강수 이루치아 이민혜 이상술 이상은 이상진 이상현 이상희 이새봄 이세연 이슬기 이양구 이영수 이영이 이원경 이원준 이윤경 이은영 이정은 이주철 이지야이지야 이지현 이창근 이치로즈스키 이태형 이팝 이해성 이현주 이혜리 임규성 임인자(InzaLIM) 임지연 우니(장애인차별철폐연대) 장예정&장동엽 장일호 장지혜 전영욱 전옥희 전인정 정 정민성 정민재 정순민 정윤영 정지윤 정진희 정희윤 제레미 제인 조미현 조석영 조성봉 조용준 조은석 조은혜 주은 준상 지웅 진눈깨비 쩐 차광호 차수미 차순정 처음처럼 최슬기 최영철 최은실 최은주 최주영 최풍만 최현지 추은지 치명타 칭구들 코

에이 큰곰ㅋ 탁선호 펭귄 퐁이 프리다수진 하늘염색 하린 하링 하상수 하종강 한빛 한상균 한승철 한연화 한원선 한정윤 향나무 허소영 현지숙 혜니 혜시 혜현쓰 홍수영 황정규 황진연 후원자D 힌디맘 힘찬물결 acools**** Amber_Jeon anonymous back**** Bang_Joo Bora_Chung Boram_Kim caro**** carpediem Changsik_Kim Chansik_Park coco**** Coramdeo d**** dbsgywnd**** dptmwp**** ES esshin eugine_park Eunjung_Oh Eunsook_Cho EunSook_Kim Eunyoung_Seo flower**** fromw**** gr**** grace Grrr Gwi-jung_Lee hana HanGyo_Jung haohao**** Hasoon_Park Herbert_Lim Hotelafreeca Hyojung_Kim HyunAh_Kim Hyunsu_Kim idma**** Jane jerrygo Jihyun_IM JinSeok_Cho Jisun_Park jsun**** Juyeon_Inez_Lee KangYoun_Kim Keehoon_Song kr_es**** KunHyung_Kim Lees Leyla_Jun_Sunyoung May_Lee meerkat Minsook_Lee miogi**** moh_chweh Moo-Young(Yeosan_JongsimGokin) MrMnA muSic n**** nani Nari_Shim oTL Park_Hoon-Deok pn**** powertiptoe pptpgml purey**** qjt**** qkrehdgy**** queenonwire Roh_Helena sarana sasinm**** shinsiha**** soney SooAn_Kim sososofr**** stars**** studio_mit_mir Sua_Lim SUJI_Choi Sumi_Cho SungHee_Oh Sungtae_Kwön superbeef thddnjs**** veri**** Walwal_Mung wndud**** Wooki_Lee yale**** yangyang yongyo**** YOUNG Younggyo_Gim Youngju_Ahn zmfhq**** 201 20132851 1beauvoir 8****